国家社会科学基金项目：
嵌入差序格局的本土家族企业治理结构与绩效研究（15BGL078）

中国上市家族企业治理

差序格局与利他行为

王明琳　徐萌娜　王河森　等／著

ZHEJIANG UNIVERSITY PRESS
浙江大学出版社
·杭州·

图书在版编目（CIP）数据

中国上市家族企业治理：差序格局与利他行为 / 王
明琳等著. —杭州：浙江大学出版社，2022.10
ISBN 978-7-308-23017-9

Ⅰ.①中… Ⅱ.①王… Ⅲ.①家族—私营企业—上市
公司—企业管理—研究—中国 Ⅳ.①F279.245

中国版本图书馆CIP数据核字（2022）第164620号

中国上市家族企业治理：差序格局与利他行为
ZhongGuo ShangShi JiaZu QiYe ZhiLi: ChaXu GeJu Yu LiTa XingWei
王明琳　徐萌娜　王河森　等著

责任编辑	杨　茜	
责任校对	许艺涛	
装帧设计	周　灵	
出版发行	浙江大学出版社	
	（杭州市天目山路 148 号　邮政编码 310007）	
	（网址：http://www.zjupress.com）	
排　　版	浙江时代出版服务有限公司	
印　　刷	杭州钱江彩色印务有限公司	
开　　本	710mm×1000mm　1/16	
印　　张	13.5	
字　　数	185千	
版 印 次	2022年10第1版　2022年10月第1次印刷	
书　　号	ISBN 978-7-308-23017-9	
定　　价	68.00元	

浙江大学出版社市场运营中心联系方式：（0571）88925591;http://zjdxcbs.tmall.com

目　录

第七章　差序格局、内部化水平与上市家族企业的创新活动

第八章　家族治理与家族企业的行为选择

第九章　结　论

参考文献

后　记

第一章 导 论

第一节 企业治理研究的演进

企业（或公司）治理结构在全球范围内呈现多样化和差异化特征（La Porta et al.，1999），这一特征一直存在，并且在未来很长的历史时期内也难以发生质的改变。从19世纪六七十年代诞生开始，中国近代民营企业的治理结构就呈现出强烈的"家族化"特征，尽管中间一度出现了近30年断层，但犹如一粒休眠的种子，其所携带的基因始终是稳定的。自20世纪70年代末以来，伴随着民营经济的迅速发展，"家族式"治理重新成为中国民营企业广泛采取的治理模式，在推动中国市场化和工业化的进程中起到了无法替代的作用。自1999年《证券法》取消自然人对上市公司的直接持股限制之后，大大加快了家族及个人企业的上市步伐。全国工商联（2011）的调研显示，85.4%的非上市私营企业不同程度地采取了家族所有、控制和管理的"家族式"治理，即所谓家族企业。2013年，《福布斯》杂志按照"所有权或控制权归某一家族所有，且至少有两名家族成员实际参与经营管理"的标准，发现A股上市公司中接近30%属于家族上市公司，这一比例在非上市的中小企业中还要高。普华永道2018年的"中国家族企业调研报告"亦显示，家族企业占A股上市的全部私营企业的比例达到55.70%，主要分布于传统产业与消费品行业。马骏等（2020）对中国大陆地区2004—2017年家族企业的研究甚至发现，相当一部分民营企业经历了先"去家族化"后"再家族化"

的反复过程，家族治理不仅没有被削弱，反而得到了进一步强化。

上述跨越了 150 余年的企业治理结构演化历史，隐含了如下令人深思的疑问：其一，改革开放 40 余年来民营企业在规模、产业、技术上获得了巨大跨越，但为什么在具体治理形态呈现出多样性的同时，在家族所有、家族控制等主要治理特征上保持稳定？其二，长达近 30 年断层前后中国的政治、经济、法律等外部正式制度发生了剧变，为什么民营企业的家族式治理模式没有发生根本性变化？其三，将大陆地区和港台地区华人企业做比较，会发现虽然它们面临着迥然不同的外部的正式制度环境，但经历相对较长时期的自然演化后，真正意义上的 Berle 和 Means（1932）所谓的"公司革命"及 Chandler（1977）所谓的"经理人革命"依然迟迟未系统性地出现，其治理结构为何仍然呈现出稳定的"家族化"色彩？

上述疑问可以概括为一个问题，即非正式制度在企业治理结构的形成和演化过程中扮演了何种角色？在过去 30 年里，企业治理结构一直是一个经久不衰的热点问题，早期研究聚焦于以英美和德日为代表的典型企业治理模式之间的差异，以及企业微观层面治理结构与企业绩效之间的关系（郑志刚，2007）。近 20 年来，企业治理领域研究呈现出由发达国家转向发展中国家，由企业内部治理转向外部宏观环境，由正式制度转向非正式制度的趋势。随着研究对象从原先少数发达市场经济国家转移至欧洲大陆及新兴市场国家，学者们发现在东亚和欧洲大陆，是股权集中、家族控制的企业，而非股权分散、职业经理人控制的企业占据主导（Claessens et al.，2000；Faccio，2002），由此一些学者（La Porta et al.，1999，2000，2002；Shleifer et al.，2002；Roe，2002；Morck，2004；沈艺峰等，2009；余明桂等，2013；杨其静，2011；李培功等，2010；杨德明，2012；陈德球等，2012，2013，2016；焦豪等，2017；严若森等，2020；孙鲲鹏等，2020；胡旭阳等，2016，2020）开始意识到局限于企业内部治理结构研究是不够的，其不可避免地受到外部宏观正式制度的影响，从而将目光转向法律、政治、税收、媒体等外部正式制度层面的因素。

随着研究逐渐深入，学者们进一步发现单纯基于外部正式制度层面的研究无论在理论解释力还是政策引导力上皆显露出薄弱性（陈仕华等，2010），除了受到外部正式制度的影响，企业治理还深深地嵌入和浸淫于社会文化非正式制度之中（见图 1.1）。近年来，一部分学者（Frark et al.，Licht et al.，2005；Hilary et al.，2009；Fidrmuc et al.，2010；Callen et al.，2015）进一步从价值观、宗教、语言等外部非正式制度层面，去寻找企业治理结构多样性的原因和后果。Coffee（2001）发现欧洲大陆与英美对控股股东攫取私人收益的社会态度截然相反，导致了两地不同的企业治理模式。Stulz 等（2003）发现，新教国家对投资者的保护水平更高，文化通过影响法律间接地作用于企业治理。研究还发现，宗教能缓解股东与高管的代理问题，促进履行社会责任，抑制盈余操纵，并降低违规行为和股价崩盘风险 (Mcguire et al.，2012；Chourou et al.，2016；Griffin et al.，2018)。

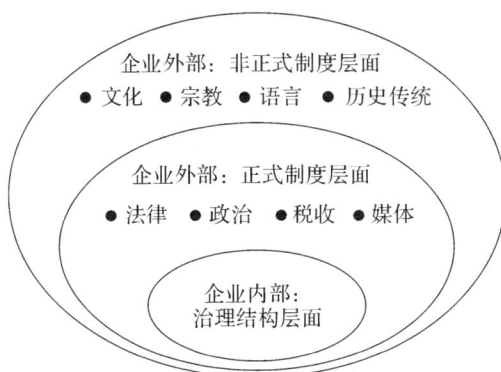

图 1.1　企业治理领域研究的演进

中国浓厚的传统非正式制度，是企业家价值观最初和最重要的来源，从深层次上影响其认知、道德和思维，最终对决策和行为选择产生作用。虽然学者早已从理论上论证了中国传统文化对企业治理的深刻影响，但是 2013 年之前这一领域的大样本实证研究几乎是空白。即使是从 2013 年开始，除了陈冬华等（2013）、Du（2013，2014，2015）、辛宇等（2016）、古志辉

（2015，2020）、戴亦一等（2016）、吴超鹏等（2019）、潘越等（2019，2020）、徐细雄等（2018，2019，2020）、王陈豪等（2020）之外，也很少有学者从本土社会文化非正式制度层面对中国企业治理结构进行大样本实证研究。在这一新兴研究视角上，主流学术界几乎忽略了目前世界第二大经济体内主要的企业治理模式，这一现状无疑是令人遗憾的。造成上述状况的主因是目前从非正式制度来研究企业治理结构是一个前沿课题，西方学者通常缺乏对华人社会文化的了解，面对具有浓厚而独特的本土文化的华人地区，往往难以获得关于非正式制度相对准确的视角和可行的切入口，即便是国内学者在面对研究对象寻找合适的量化方法时也面临重重困难，难以轻易入手。

第二节　研究问题与意义

中国传统文化以宗法家庭为背景、以儒家伦理为核心（蔺子荣，1995），两者彼此融合，宗族通常成为儒家文化在社会基层的外在组织形态。儒家文化和宗族文化背景下的"差序格局"是中国人深深地浸淫于其中，却因为习以为常而几乎难以自察的。这一概念最早由中国本土社会学奠基人之一的费孝通（1947）提出。他认为中国传统社会结构是"以'己'为中心，像石子一般投入水中……一圈圈推出去，愈推愈远，也愈推愈薄"。这种远近亲疏因人而异，对待不同的人具有不同的态度和行为，整体上呈现同心圆分布的人际关系模式，可以称为"差序格局"。形成这一圈圈同心圆的最主要因素是血缘、姻缘、拟亲缘、地缘、业缘等。差序格局不仅仅是传统中国社会结构和人际关系模式的根本特征，同时还是家庭乃至社会资源分配的一种最主要途径。20世纪80年代末以降，差序格局概念先后被引入管理学及相关学科领域，其学术影响远远超出了纯社会学领域。沿着杨国枢（1988）、杨国枢等（1998）和黄光国（1993）的华人社会中"关系分类"和"泛家族主义"观点，郑伯埙（1991，1995，2004）在差序格局基础上衍生出"差序式领导"概念，将它和"家长式领导"并列为最具代表性的两种华人传统管理思想与价值观。虽然差序格局成为华人组织领导领域除了家长权威之外的另一个管理学本土化研究的切入点，但长期以来华人管理学界对它的研究主要囿于组织行为学范围，没有将差序格局概念进一步引入企业治理结构领域。

本书沿着企业治理结构深深嵌入非正式制度的思想，将研究对象锁定于"差序格局"这一中国本土社会极具代表性，并且相对容易被量化的非正式制度，试图将差序格局的研究拓展至本土家族企业治理结构领域。在充分虑及中国独特而浓厚的本土社会文化情境和体制转轨背景下，本书认为，差序格局在经济上的功能不仅体现在家庭内部的资源配置，还为当前民营企业家的创业要素获取、企业治理和经营活动提供了"先验知识"。具体而言，差序格局不仅是民营企业家在正式制度规范度较低、要素市场发育程度不高的外部环境中获取资金、人力等要素资源的一种重要的非正式途径，也是其在企业内部配置所有权、控制权和管理权及制定企业经营策略的重要依据，从而对企业治理结构的形成和演化，以及企业行为选择产生一系列深层次的影响。

在此基础上笔者进一步认为，虽然推动差序格局运转的是中国传统儒家道德伦理思想，外在表现为形式多样、程度不一的"人情"，但是差序格局的内在实质是"己"与不同人之间在利他行为水平上的"差序式"分布，呈现出以"己"为中心，利他行为水平由内而外逐圈趋于下降的结构特征。简言之，差序格局和市场体系是两类不同的资源配置的方式，如果把差序格局也视为一只无形之手，那么，它和市场这只"看不见的手"的最大的差异在于利他行为是否系统性地参与了资源配置过程。虽然中国社会早在20世纪70年代末就已开始大幅步入市场化与现代化进程，但"差序格局"作为本土社会最重要的非正式资源配置方式，在当前仍然具有经济学上的重要意义，从深层次影响了企业的所有权、控制权、管理权等一系列权力的配置，对理解当前家族企业治理结构的形成、绩效及企业行为选择仍然是一个重要切入点。综上而论，本书的价值主要体现在以下两个层面。

（1）在理论层面上，从本土社会文化非正式制度层面拓展了公司治理和企业理论

从经济学视角界定"差序格局"的功能和性质，引入改良后的演化生物学的汉密尔顿（Hamilton）亲缘系数，从而建立起一个涵盖属性界定、测度指标在内的相对完整的"差序格局"分析框架，将差序格局研究由一般定性阶段拓展到相对精确的定量阶段。在此基础上，进一步将差序格局的研究从组织领导和工作团队领域延伸至企业治理结构和企业理论领域，从而消除了组织行为理论与公司治理理论之间长期割裂的状态，从中国本土社会文化非正式制度层面拓展了公司治理理论和现代企业理论研究。同时，本书也是推进经济学、演化生物学和本土社会学之间跨学科交叉分析的一次大胆尝试，针对民营企业的家族治理构建起一个跨学科分析框架。最后，通过将"差序格局"嵌入西方社会情感财富（SEW）理论（Gómez-Mejía et al.，2007，2011，2014），增强了这一理论在中国本土社会情境下的解释力度。

（2）在实践层面上，为民营企业优化治理结构提供经验总结

在充分考虑中国浓厚的社会文化情境，以及新兴市场和体制转轨背景的基础上，通过揭示"差序格局"这一本土社会最重要的传统非正式制度对企业治理结构和绩效，以及企业行为选择产生的影响，获取家族企业治理结构的成因和演化的一般机理。本书可以更好地解释家族企业治理结构的复杂性和多样性，从而为社会公众合理评判家族企业的治理绩效提供科学的依据和准绳；也能够为当前本土家族企业动态调整和优化治理结构，综合提高治理绩效，推动企业可持续健康发展提供经验和总结；同时，相关研究结论还能够为政府部门优化民营企业外部制度环境提供有针对性的意见和建议。

第三节　研究对象与问题

一、研究对象选择及原因

本书将研究对象锁定为中国民营企业中的上市家族企业，具体选择了在

上海证券交易所和深圳证券交易所公开发行 A 股（包括主板和中小板）的上市家族企业作为研究对象。究其原因，主要基于两点：

第一，上市家族企业处在古典式家族企业与两权分离、股权分散的英美现代公众公司之间，企业一部分特征与现代公众公司已经比较接近，但如前所述，一些主要核心特征却大相径庭。如果深究其背后的原因，单纯从正式制度视角出发解释力极为有限，因此，系统地剖析差序格局这一中国本土社会最重要的非正式制度对上市家族企业的治理成因、治理绩效及其行为选择的影响，无疑具有重要意义。上市家族企业并不是对传统中国本土社会差序格局背景的"污染"，反而恰恰有利于更好地发现这一非正式制度对当前上规模家族企业治理及演化的影响。传统差序格局对小规模家族企业的影响是毋庸置疑和显而易见的，但是对经过一系列规模扩张和组织扩展之后的大中型家族企业的治理特征及其未来演化路径的选择会产生怎样的影响，是目前学术界和企业界所关心的核心问题，也是本书的理论意义和实践价值之所在。

第二，由于国内经济的体制转轨特征，各类正式制度仍然不完善，家族对外界防范意识浓厚，导致家族企业的透明度比较低，获得实证研究所需相关数据存在较大困难，并且很难确保一些敏感数据的可信度，即使在英美等西方国家也很难获得关于家族企业的精确信息（Rajan & Zingales，1998；Astrachan& Keyt，2003）。相对而言，为了达到《证券法》相关条款的要求，上市家族企业的公司年报披露了较为丰富的信息，数据的可信度也能在一定程度上得到保证，为开展实证研究提供了较大便利。

民营企业包括家族企业，但并非所有民营企业都是家族企业，员工持股、工会控制的企业，以及由社会团体控制的企业不属于家族企业，缺乏实际控制人的民营企业显然也不属于家族企业，但这几类企业占民营企业的比重较小。具体而言，本书所指的家族企业是单一家族控制或多个家族共同控制的企业，同时具备以下两个特征的上市公司可以称为家族上市公司，抑或狭义的上市家族企业：

（1）上市公司的实际控制人可以最终追溯到某一家族或自然人；

（2）至少有2位具有亲缘关系（包括血亲或姻亲关系）的家族成员持有上市公司股份或者担任高管职务（包括董事长、董事或高层经理职务）。

为了进一步凸显本土情境研究，本书第七章的实证分析扩大了研究对象，保留"上市公司的实际控制人可以最终追溯到某一家族或自然人"这一条件，但放宽了持有上市公司股份或者担任高管职务的家族成员数量的要求，从而将"差序格局"的研究从具有亲缘关系的家族成员拓展至没有亲缘关系的泛家族成员，相应地，研究对象也扩大到了广义的上市家族企业。这是因为华人社会中"家"的边界具有一定伸缩性，非家族成员可以通过"拜把子""认干亲"等方式转化为所谓泛家族成员，而英美等西方社会中"家"的边界是清晰而固定的，这构成了中西方社会家庭和家族企业最大的差异之一。

二、研究问题

本书认为企业治理结构深深地嵌入非正式制度之中，因此从不同层面来探究"差序格局"及利他行为对本土民营企业家族治理的特征和绩效的影响，主要聚焦以下五方面内容或五个具体问题：其一，差序格局社会结构的经济学功能是什么，利他行为在其中扮演了何种角色；其二，利他行为对家庭及家族企业中资源配置的影响；其三，差序格局、利他行为对家族企业治理的权力配置结构的影响；其四，差序格局、利他行为对家族企业治理的绩效的影响；其五，家族是如何影响企业的行为选择的，或家族内部的利他行为是否会外化为家族企业的利他行为。

问题一：差序格局的经济学功能是什么，利他行为在其中扮演了什么角色？

差序格局作为华人社会最重要的传统非正式制度之一，是中国传统乡土社会结构和人际交往模式的经典概念。除了承载儒家道德伦理思想，从经济学意义上而言，它还承担了什么功能？如果差序格局还是一种非正式的资源配置方式，那么，与正式的市场机制相比，差序格局的作用机理是怎样的？或者说，与追求自身收益最大化的"理性人"相比，差序格局中个体之间的行为选择呈现出怎样的特点？利他行为在其中又扮演了什么角色，最终起了怎样的作用？

问题二：利他行为如何影响家庭和家族企业中的资源配置？

市场中的资源配置主要是在价格机制的作用下通过个体的利己行为完成的，而家庭中的资源配置主要通过家庭成员之间的利他行为实现。利他行为在配置家庭资源的时候除了产生积极效应，还会带来哪些消极效应？针对利他行为失灵的治理机制的效果如何？根植于控制人与家族成员之间的利他行为是家族企业区别于其他企业的根本特征之一，那么，利他行为对家族企业中委托代理关系产生影响的具体机制是怎样的？又有哪些内外部因素在其间发生作用？

问题三和问题四分别研究了差序格局及利他行为对家族企业治理结构的形成，以及家族企业治理绩效的影响。

问题三：差序格局及利他行为如何影响家族企业治理结构的权力配置？

企业权力配置的成因是企业治理结构研究的逻辑起点之一。差序格局及利他行为是否会对家族企业治理结构的权力配置体系产生影响？具体而言，在考虑家族成员的个人能力等因素的情况下，家族成员在以控制人为中心的差序格局中的位置，以及与控制人之间的利他行为对其获取企业所有权（现金流权）、控制权和管理权是否会产生影响？这种影响对不同类型的权力来说存在差异吗？

问题四：差序格局及利他行为如何影响家族企业治理的绩效？

企业治理绩效是一个相对宽泛的范畴，本书主要从代理成本、智力资本及创新投入三个角度来研究家族企业的治理绩效。首先，差序格局、利他行为分别是降低还是增加了家族成员之间的代理成本？当企业内外部环境发生变化时，它们对代理成本的影响又会发生怎样的改变？其次，差序格局及利他行为能够提升家族企业的智力资本吗？最后，差序格局如何影响企业的研发活动？处于差序格局中不同位置，即不同内部化水平的核心高管人员对企业研发投入会产生何种影响？

问题五：家族如何影响企业的行为选择？

这一问题涉及企业、家族、社会三者之间的互动关系。家族对企业行为选择产生怎样的影响？即家族内部的利他行为是否会外化为家族企业对利益攸关者乃至社会的利他行为，还是带来相反的行为？家族影响企业行为选择的微观层面的作用机理是怎样的？进一步而言，在宏观层面，有哪些社会因素决定了家族影响企业行为选择的程度或水平？

第四节　全书架构与逻辑关系

第一章为导言，第二、三章构成了本书的理论基础，分别回答了问题一和问题二；第四、五、六、七章为实证研究部分，第四章回答了问题三，第五、六、七章从不同角度回答了问题四；第八章再次回到理论分析，并回答了问题五。每章具体内容如下。

第一章导言部分包括研究背景与意义，研究对象的选择和主要问题，研究思路与主要方法、篇章结构，以及主要创新点。

第二章构建起本书的整体分析框架，在梳理企业治理研究演化进程的基础上，回答了问题一。这一章重点探究了差序格局的实质、在经济学意义上的功能，以及利他行为在其中所扮演的角色，并进一步在中国本土情境下论述了差序格局、利他行为与企业治理三者之间的内在逻辑关系。

第三章分别探究了家庭中和家族企业中的利他行为如何影响资源配置，即回答了问题二。委托代理问题既是家庭经济学，也是企业治理领域的核心问题之一，本章研究了利他行为对家族内部的资源配置及委托代理关系，及其最终对家庭福利的影响，在此基础上，进一步研究了利他行为对家族企业中的委托代理关系的影响。

第四章研究了差序格局、利他行为如何映射到家族企业的治理结构中，即回答了问题三，差序格局及利他行为如何影响家族企业的权力配置？权力配置结构是企业治理的核心问题之一，本章分别从所有权（现金流权）配置、控制权配置和管理权配置三个维度，对差序格局、利他行为对家族企业治理中权力配置结构产生的影响展开实证研究。

第五、六、七章从不同维度来回答问题四，即差序格局及利他行为如何影响家族企业治理的绩效？这三章分别从企业代理成本、企业智力资本及企业创新水平三个维度，探析了差序格局及利他行为对家族企业治理绩效的影响。具体安排如下：

第五章研究了差序格局、利他行为如何影响家族企业的委托代理关系。委托代理成本是衡量企业治理绩效的重要指标之一，在差序格局概念引导下，本章首次引入改良后的演化生物学汉密尔顿亲缘系数（广义亲缘系数）来度量利他行为，是一次涵盖经济学、演化生物学和本土社会学交叉研究的大胆尝试。

第六章研究了差序格局、利他行为如何影响家族企业的智力资本。智力资本越来越成为衡量企业治理水平的一个重要指标，本章在研究方法上是对第四章的延续，在研究内容上是对第四章的进一步拓展，在研究结论上是对第四章的一个补充。

第七章研究了差序格局、核心高管的内部化水平如何影响家族企业的创新活动。研发活动亦是衡量家族企业治理水平的一个重要指标，本章将对差序格局的研究从家族成员进一步拓展至无亲缘关系的泛家族成员，在个体层面上研究了社会情感财富对家族企业研发活动的影响。

第八章回答了问题五，即家族如何影响企业的行为选择？本章通过把微观上的"企业如何嵌入家族"和宏观上的"家族如何嵌入社会"在同一个分析框架中衔接起来，探析家族内部的利他行为是否会外化为家族企业的利他行为。这一章将研究范围从本土拓展到全球，试图建立起一个更为体系化也更富有解释力的家族企业行为选择理论框架。

第五节　主要创新点

本书的创新主要体现在以下五点。

创新一：拓展基于本土非正式制度的民营企业治理结构研究。

秉持企业治理结构深深地嵌入于非正式制度之中的理念，本书通过引入差序格局这一中国本土社会极具代表性的传统非正式制度，拓展了本土情境下的民营企业治理研究。差序格局不仅仅是一种华人社会普遍存在的传统人际关系模式，在当前仍然具有经济学意义上的重要功能，是与市场价格体系并行的一种资源配置方式，即在各类要素市场发育滞后的环境下，民营企业家获取各类要素资源和分配企业各类权力的一种主要方式。本书首次将差序格局的实质归结为不同个体之间利他行为水平上的"差序式"分布，指出它和市场这只"看不见的手"的根本区别在于利他行为在不同程度上参与了资源配置。同时，通过将差序格局的研究从组织行为领域延伸至企业治理领域，在理论层面上达到消除差序格局研究与企业治理模式研究之间的壕堑的目的，从一个新的角度拓展了具有本土特征的企业理论。

创新二：涵盖经济学、演化生物学和本土社会学的跨学科交叉研究。

将利他行为研究由家族、慈善组织等非市场组织拓展到企业领域，在此基础上，创造性地采用多种工具来度量利他行为。依次引入"双系均衡扩展的五等亲"、改良后的演化生物学汉密尔顿亲缘系数等方法，尤其是在虑及改革开放以来中国家庭结构和家族成员关系变迁的情况下，开创性地引入和改良演化生物学领域的汉密尔顿亲缘系数（作者将其命名为广义亲缘系数），将利他行为的度量由定性阶段推进至定量阶段。同时，在差序格局概念引导下，进一步度量了利他行为的结构特征。因此，本书进行了一次涵盖经济学、演化生物学和本土社会学三个领域的跨学科交叉研究，通过将差序格局、利他行为及汉密尔顿亲缘系数相继纳入主流公司治理分析理论，构建起一个涵盖经济学、演化生物学和本土社会学的跨学科分析框架，从而在基础理论和度量方法两个层面拓展了公司治理领域的研究。

创新三：将企业治理结构研究的逻辑链条进一步向初始端推进。

包括控制权、所有权和管理权在内的权力配置结构是企业治理的核心问题之一，但是已有文献几乎都聚焦于各类权力配置结构对企业绩效和行为的影响，或还仅仅停留在对权力配置结构本身的描述阶段，只有极少数甚至几乎没有学者关注到是哪些因素，尤其是非正式制度因素对企业内部权力配置产生了影响。家族企业表现为一类特殊的组织形态，相对于典型的"股权分散、两权分离"的英美现代公众公司，由于家族因素的涉入，企业内部权力配置结构呈现出一系列截然不同的特征，影响权力配置的因素也更复杂和隐秘。在考虑到性别、能力等个体特征的基础上，本书探讨了本土社会传统非正式制度"差序格局"及其利他行为对家族企业内部权力配置结构的影响，将企业治理研究的逻辑链条向初始端推进了一步。

创新四：将本土差序格局概念嵌入西方社会情感财富理论。

本书在中国情境下拓展了西方的社会情感财富（SEW）理论。社会情感财富理论是 Gómez-Mejía 等（2007）西方家族企业研究领域学者率先提出的理论。通过将本土社会学的差序格局概念嵌入这一西方舶来理论中，把社会情感财富理论的适用范围从家族成员进一步拓展至没有亲缘关系的泛家族成员，从而增强了这一理论在中国本土社会情境下的解释力。以差序格局抑或高管的内部化程度这一主要个体特征为切入口，将家族企业的创新研究从现有的企业和家族层面进一步拓展至家族成员个人层面。即将家族整体追求社会情感财富对企业创新活动的影响，进一步具化为不同内部化程度的核心高管人员追求社会情感财富对创新活动的影响，从而为理解家族企业的创新活动提供一个新视角。

创新五：构建"双重嵌入"分析框架来解释家族企业的行为选择。

通过构建"双重嵌入"分析框架，本书分析了家族内部的利他行为对家族企业行为模式的影响及其作用机理，开创性地将微观上"企业如何嵌入家族"和宏观上"家族如何嵌入社会"衔接于同一分析框架之中，并对两类嵌入关系进行了研究。在微观上，分别从认知、关系和权力三个维度分析了企业如何嵌入于家族；在宏观上，分别从法律与规制、政治结构和社会文化三个维度分析了家族如何嵌入社会网络。本书认为微观层面的嵌入决定了家族影响企业的行为选择及其绩效，而宏观层面的嵌入则决定了企业在多大程度上嵌入家族之中，并且率先提出了后一类嵌入问题在一定程度上决定了前一类嵌入问题的观点。

第二章　差序格局、利他行为与企业治理：一个分析框架

　　与正式制度相比，非正式制度在企业治理结构的形成与演化上扮演了什么角色，这是近年来公司治理研究领域的一个热点话题。公司治理的研究经历了从治理结构内部到外部，从影响公司治理结构的正式制度到非正式制度的演变。虽然目前从非正式制度视角研究企业治理结构演化已经初步引起了学术界重视，但主要还停留于宗教、语言等显性制度层面。本书选择差序格局这一在华人社会普遍存在并且影响深刻的隐性制度为切入点，以此来研究非正式制度对企业治理模式的影响，从而试图发现中国家族企业治理结构形成及其演变的特殊性。同时，通过将差序格局的研究从组织行为领域延伸至企业治理领域，在理论层面上消除差序格局研究与企业治理模式研究之间的壕堑，进而实现企业组织行为理论与现代公司治理理论之间的有机衔接。

　　本章试图探讨以下几个问题：从经济学意义上而言，差序格局这一传统华人社会非正式制度的功能是什么？差序格局中个体之间的行为模式呈现出怎样的特点，抑或差序格局的作用机理是怎样的？在回答上述问题的基础上，逐步构建起本书的基本分析框架。

第一节　差序格局与企业治理：差序格局的经济学功能

　　"差序格局"概念最早由中国本土社会学奠基人之一的费孝通先生（1947）在《乡土中国》一书中提出，后成为描述和概括中国传统乡土社会

15

结构和人际交往模式的经典概念，其背后体现了儒家的伦理模式。费孝通认为中国传统社会结构是"以'己'为中心，像石子一般投入水中，和别人所联系成的社会关系……像水的波纹一般，一圈圈推出去，愈推愈远，也愈推愈薄"。"不是一捆一捆扎清楚的柴，而好像是把一块石头丢在水面上所发生的一圈圈推出去的波纹，每个人都是他社会影响所推出去的圈子的中心。被圈子的波纹所推及的就发生关系。""在这种社会中，一切普遍的标准并不发生作用，一定要问清了，对象是谁，和自己是什么关系之后，才能决定拿出什么标准来。"这种远近亲疏因人而异，对待不同的人具有不同的态度和行为，整体上呈现同心圆分布的人际关系模式称为差序格局。而形成和推动这一圈圈波纹的石头中最主要的一块就是"亲子和同胞"等亲属关系。费孝通认为"籍贯（地缘）只是'血缘的空间投影'"，其他还包括姻缘、拟亲缘、学缘、业缘等。

显然，差序格局是华人社会的一种非正式社会制度，它没有系统化的行为准则和规章制度可以遵循，主要依靠意识形态、价值观念、伦理道德和风俗习惯来维系，绝大部分情况下也没有外部第三方强制力量来执行。并且，差序格局具有一定的模糊性，只有以"己"为中心是明确无误的，而一圈圈的波纹的边界是模糊的。华人社会中"家"的范围是模糊的，具有很强的伸缩性，如费孝通（1947）所言，"这个'家'字可以说最能伸缩自如了。'家里的'可以指自己的太太一个人，'家门'可以指叔伯侄子一大批，'自家人'可以包罗任何要拉入自己的圈子，表示亲热的人物。自家人的范围因时因地可伸缩，大到数不清，真是天下可成一家"。这一点与英美社会是截然不同的。

一、已有差序格局研究

早在 20 世纪 70 年代，一部分学者开始从华人社会的本土文化出发，研究华人组织领导问题。海外的代表人物和理论主要有：Silin（1976）的"专制式领导"，主要强调华人组织领导的权威取向；Redding（1990）的"华人资本主义精神"，主要强调华人组织领导的"人情化"取向；Westwood（1997）的"家长制领导"，主要凸显了华人组织领导中纵向权威与横向人情并重的双重取向。但上述海外学者还没有意识到差序格局这一本土概念及相关的差异化"关系"运作。从20世纪80年代末开始，差序格局概念率先被我国港台地区学者引入管理学及相关学科领域。其中杨国枢（1988，1998）的"家人—熟人—生人"关系分类，以及黄光国（1993）的"情感性关系／混合性关系／工具性关系"分类开始触及差序格局概念。沿着杨国枢及黄光国的华人社会中"关系分类"和"泛家族主义"观点，郑伯埙（1991，1995，2004）开始把差序格局概念较为系统地引入本土组织领导研究领域，并将其作为解构华人组织领导模式的核心概念之一（沈毅，2012）。郑伯埙在差序格局基础上衍生出"差序式领导"概念，即在关系亲疏的基础上按照忠诚高低及才能大小，从企业家的角度将员工分为经营核心（亲／忠／才）、事业辅佐（亲／忠／庸）、恃才傲物（亲／逆／才）、不肖子弟（亲／逆／庸）、事业伙伴（疏／忠／才）、耳目眼线（疏／忠／庸）、防范对象（疏／逆／才）及边缘人员（疏／逆／庸）八大类。在郑伯埙（1991，1995，2004）看来，"差序式领导"和"家长式领导"并列为最具代表性的两种华人传统管理思想与价值观。国内组织行为学领域掀起了一股"差序式领导"研究的热潮（刘军等，2009；于伟等，2016；林英晖等，2017；杨皖苏等，2018）。

近40年来，差序格局这一概念的学术影响远远超出了单纯的社会学领域，尤其是在本土管理学领域，与"家长式领导"并列为最具代表性的两大华人传统管理思想与价值观，成为华人组织领导领域管理学本土化研究的重要切入点（沈毅，2012）。但是一直以来，华人学者没有将这一概念和理论进一步向公司治理领域延伸。沿着郑伯埙（1991，1995，2004）的思路，企业家在关系亲疏的基础上按照忠诚高低及才能大小，将企业员工分为八大类，部分已经隐含了不同类型人员的来源。关系亲近的人员一般来自家族、同乡、同学、共同创业伙伴等。但是，没有进一步研究不同类型人员在企业所有权、控制权、管理权等一系列权力上的分配，即关系、忠诚和才能三个因素，尤其是排在第一位的"关系"在不同权力的配置上分别起了什么样的作用。然而，华人管理学界对差序格局的研究主要囿于组织行为学范围，没有将它引入本土企业治理结构领域，没有进一步对差序格局对权力配置等一系列企业治理特征，以及对企业治理绩效领域的影响予以研究，以至于在不知不觉中差序格局与企业治理结构之间形成了一道理论壕堑。

在同一时期，西方学者在主流组织行为学领域发展起来的"领导—成员交换"理论（LMX 理论），与差序格局理论具有相似之处。LMX 理论认为，在时间和精力的约束下，领导者与不同部属会发生具有远近亲疏的差异性交换关系，员工被分为"圈内部属"和"圈外部属"两类（Dansereau et al.，1975；Graen et al.，1975，1987，1995）。在此基础上，学者分别发展出了"领导—成员交换差异"和"领导—成员交换差异感知"两个研究分支，前者属于群体层次，描述的是工作群体内所有下属领导—成员交换质量的差异程度（Liden et al.，2006）；后者属于个体层次，描述个体对群体内领导—成员交换差异程度的知觉（Hooper & Martin，2008）。严格来说，西方主流管理学理论中并不存在差序格局这一概念，LMX 理论与差序格局虽然存在明显的类似之处，但是两者有着不同的理论基础和文化背景。首先，在内涵上存在本质差异（来宪伟等，2018）；其次，前者的研究对象主要局限于正式科层体系中工作团队尤其是团队主管，而非企业家；最后，LMX 理论研究的实际上是一种后致性差异关系，而差序格局是一种后致性和先赋性关系差异的混合体。

与国内学者的研究类似，同一时期西方公司治理理论同样获得了令人瞩目的发展。虽然西方学者也分析了不同质量的关系对员工的薪酬和晋升的影响，但是由于仅仅从组织行为学视角来研究差异性交换关系，受到学科背景和研究对象的限制，LMX 理论也没有涉及公司治理领域，导致 LMX 理论和公司治理理论之间并没有碰撞出思想火花。绝大多数西方学者显然很难注意到在中国这一具有浓厚而独特的传统文化，且外部正式制度薄弱、市场体系不完善的新兴市场和体制转轨的国家中，本土企业家是借助何种非正式途径来获取外部稀缺的要素资源，又是如何分配权力的，因而也不可能研究这一非正式资源获取方式本身如何对企业治理结构和组织绩效等产生影响等一系列问题。因此，有关差序格局的研究仍然没有进一步拓展至公司治理结构领域，没有构架起组织行为学与公司治理理论之间的桥梁。

二、差序格局与企业治理

新制度经济学认为可以将一个社会的制度主要分为正式制度和非正式制度两大类，非正式制度构成了正式制度的基础，甚至构成了正式制度安排的"先验"模式。因此，作为正式制度的企业治理结构深深地嵌入于社会的非正式制度之中，看不见的意识形态、价值观念和伦理道德深深地影响着看得见的企业治理结构，构成了后者赖以生存的气候与土壤，在不知不觉中约束和影响了公司治理结构的特征乃至治理绩效。我们认为，差序格局不仅仅是华人社会结构和人际交往模式的根本特征，它除了承载儒家道德伦理思想之外，还承担了资源配置的经济功能，即它也是中国社会中家庭、家族资源分配的一种最主要途径，还是长期以来在正式制度供给不足的情况下，配置社会稀缺资源的一种重要方式（孙立平，1996；卜长莉，2003；冯仕政，2008）。同时，对稀缺资源的"差序式"分配反过来又会强化家族和泛家族化的伦理规范（童星等，2010），两者构成了一个正反馈过程。在处于深刻而快速变化的当代中国社会中，尽管差序格局所承担的传统伦理道德已经发生了明显的变化（柴玲等，2010；辛允星，2018），但是其工具理性的逻辑得到强化，资源配置的功能在不断得到放大。

家族企业的成长实质上是一个不断融合各类外部资本，尤其是人力资本的过程（储小平等，2003）。然而即使是在当前，由于中国要素市场体系的不发达及已有制度的路径依赖，当民营企业尤其是初创期的民营企业无法通过要素市场获得资源时，民营企业家首先会借助自身的差序式的人际交往格局来获取资源及配置权力。因此，差序格局依然是当前民营企业尤其是家族企业获取稀缺资源和配置企业权力的一种极为重要的方式（李新春等，2002；王明琳等，2014，2020）。如果把企业的治理结构视为企业内部不同人员之间权力的正式配置或组合方式，那么对本土家族企业而言，差序格局就是隐藏在背后的一只无形之手，它和市场这只无形之手一起，从深层次影响了企业所有权、控制权、管理权等一系列权力在不同人员中的配置。

虽然差序格局和市场都是无形之手，但是，在不同制度环境下它们对企业治理结构的影响是不同的。在英美成熟市场国家中，由于有着更为成熟的资本市场、控制权市场及职业经理人市场，企业要素的获取和权力的分配主要依靠市场机制完成。占主导地位的企业治理结构的典型特征是股权分散，所有权与控制权分离，面临的主要矛盾是分散的社会股东与职业经理人之间的矛盾（Jensen & Meckling，1976）。我们认为相较而言，在新兴市场国家、体制转轨国家尤其是儒家文明影响下的东亚及东南亚国家，由于正式市场体系发育滞后，无论是对企业家在企业初创阶段资本、人力资源等要素的获取，还是在企业发展过程中所有权、控制权、管理权等一系列权力的分配，差序格局都起着极为重要的影响。因此，在后一类国家和地区，尤其是在中国，研究差序格局对企业治理结构及绩效的影响，也是一个具有重大意义的研究领域。

以上分析推演出了本书的理论基石——公司治理结构深深地嵌入所在国家和地区的非正式制度之中，差序格局这一非正式制度不仅仅是中国本土社会人际关系模式，当前仍然具有经济学意义上的重要功能，还是在外部市场体系不完善、各类要素市场发育滞后的环境下，民营企业家获取各类要素及分配企业各类权力的一种主要方式。虽然中国社会已于40年前开始正式步入市场化与现代化进程，并且这一进程正在加速进行，趋势无法逆转，但这一传统非正式制度对剖析当前民营企业家如何获取要素与配置权力，即如何作用于企业治理结构，以及解释企业的治理绩效、企业的行为选择仍然是一个非常重要甚至不可替代的切入点。

第二节　差序格局与利他行为：差序格局的作用机理

差序格局的内在作用机理是怎样的呢？换言之，是哪一种力量在以"己"为中心，由内向外推出一圈圈与不同对象之间"愈推愈远，也愈推愈薄"的社会关系结构呢？这一问题是本书理论构架最为关键的核心问题之一。

费孝通（1947）认为，"推的过程里有着各种路线，最基本的是亲属：亲子和同胞，相配的道德要素是孝和悌。'孝悌也者，其为仁之本欤。'向另一路线推是朋友，相配的是忠信。'为人谋而不忠乎，与朋友交而不信乎？''主忠信，无友不如己者'"。"孝"是处理自己与父母之间的关系，其要求高于"悌忠信"；"悌"是处理自己与兄弟之间的关系，其要求又显然要高于"忠信"。显然，反过来推是不成立的。因此我们认为，所谓"孝悌"和"忠信"这两条线，一定程度上可以视为前后衔接的一条线。虽然费孝通（1947）指出，"在单系的家族组织中所注重的亲属确多由于生育而少由于婚姻，所以说是血缘也无妨"，但是，自19世纪中后期中国开启近代化进程，尤其是中国改革开放以来，随着中国传统乡土社会的现代化进程加速，姻亲关系和拟亲缘关系也开始渗入差序格局。姻亲主要指母、妻双方及其家族成员，结果是当代中国社会的差序格局既涵盖了按照父系继嗣形成的宗族群体，也容纳了由婚配构成的姻亲群体（郭于华，1994；王明琳等，2014），在一些情况下，姻亲关系甚至威胁到父系关系在差序格局中的核心地位。

因此，在转型过程中的当代中国社会，如果仔细分，这一条线不仅推及父母、兄弟，还可以推及除了父母和兄弟之外的各类血亲家族成员、各类姻亲家族成员，甚至包括干亲、老乡、同学等各类人员，最终形成了一圈圈"愈推愈远"的同心圆结构关系网络。如果说得形象一点，这一条由内而外发散出来的线条的粗细不是均匀的，而是越往外越窄，越往外越细，因此，人际关系网络也"愈推愈薄"。从社会学意义上说"愈推愈薄"的是"人情"，即所谓"人情薄如纸"是建立在中国传统伦理本位基础上的责任与义务的淡化乃至最终缺失。

从经济学视角来看，在以"己"为中心的差序格局中，对待不同的人具有不同的态度和行为，实质上是"己"对待不同类别的人在利他行为水平上表现出来的差异。一圈圈的人际关系"愈推愈薄"，直接表现为"己"与个体之间利他主义（altruism）行为程度由内而外逐圈下降，一直到最终消失在差序格局的边缘，与之伴随的是作为"经济人"的利己行为水平的逐步提高。利他行为尤其会沿着"亲子和同胞"等血缘关系往外推延，高强度的利他行为一般发生在核心家族成员之间，同时也包括姻亲核心家族成员。"己"对包括父母、配偶和兄弟姐妹在内的内圈人员的利他行为水平，通常要高于对近亲、远亲等中圈和外圈人员的利他行为水平。随着血亲关系和姻亲关系的逐步疏远，个体之间利他行为的强度一般也随之下降，直至到了差序格局最边缘的陌生人，就很难发生较高频率和较高强度的利他行为了。整体上而言，在差序格局的人际关系格局中，"己"与不同个体之间的利他行为和利己行为水平存在此消彼长的关系，伴随着利他行为的逐圈递减的同时，利己行为呈现出逐圈递增的趋势。

因此，研究华人社会差序格局中的利他行为具有极为重要的意义。正如North（1990）所强调的，"为了解释（制度）变迁与稳定，在某些方面超越对成本—收益的个人主义计算是必要的"。如果按照在人群中发生的范围，利他行为可以分为亲缘群体内的和非亲缘关系者之间的利他行为（见图2.1）。前一种可以称作血亲利他行为，即个体在具有血亲关系的生物之间，不惜降低自身的适应性（fitness）为他人做出牺牲，这种利他行为一般不含有直接功利性，被人喻为"硬核"利他行为（hard-core altruism）；后一种利他行为按照纯度又可进一步分为互惠利他行为和纯粹利他行为。互惠利他行为可以称为有条件的利他行为或"开明的利己行为"。生物个体帮助一个与自身不存在血亲关系的其他个体，一般是为了日后从该受益者身上获得回报，可以称之为"软核"利他行为（soft-core altruism）。而纯粹（或无条件）利他行为可以称为真正的"内生性利他行为"，它是指没有任何血亲关系的生物个体，在主观上不追求任何回报的情况下对其他个体采取的利他行为（叶航、汪丁丁、罗卫东，2005），这种利他行为是否存在及其来源一直都是经济学家和生物学家争论的焦点，而这一类利他行为并不在本书讨论的范围内。

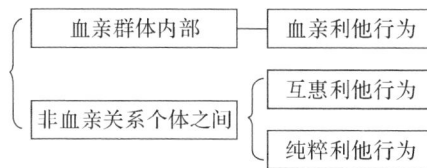

图 2.1　利他行为的分类

显而易见，血亲家族成员之间的利他行为主要是基于天然血缘纽带的利他行为，社会生物学可以很好地解释这种利他行为。著名生物学家道金斯（Dawkins）在《自私的基因》一书中认为，自然选择的基本单位，也就是自我利益的基本单位，既不是物种也不是群体，严格地说甚至也不是个体，而是基因这一基本遗传单位。生物个体在进化中以降低自身的适应性为代价采取利他行为，完全是出于保存自身基因的需要。尤其是在具有亲密血亲关系的个体之间，利他行为出现得更为普遍，原因在于他们拥有大部分相似的基因。对相同或相似基因的拯救和延续也是对自己基因的拯救和延续，因此彼此之间利益关联度也高，对方的利益在很大程度上就是自己的利益，并且坚信对方也是如此认为，这种利益问题甚至脱离了个体所能选择的主观范围。社会生物学创始人威尔逊（Wilson）指出，"自私的基因"同样适用于对人类社会中的利己行为和利他行为做出统一的说明，虽然人类的利他行为在很大程度上是由文化决定的，但就生物学根源而言，也是亲缘选择的结果，通过基因演变而来，说到底都含有自利的成分。

在很大程度上，姻亲家族成员之间的利他行为也可以用社会生物学的基因选择理论来解释。由于人类社会父母双方共同生育，并且通常共同抚养下一代，配偶之间虽然没有天然血亲纽带，但是通过降低自身的利益来提高对方的适应性，可以间接提高下一代的生存概率和生活质量，最终有利于自身基因的保存和延续。除了姻亲家族成员之外，由于华人社会中传统泛家族主义的盛行，在准家族或泛家族成员之间，以及朋友、同学、邻里、战友、同事等之间会产生某些利他行为。由于这种利他行为发生在没有任何血亲和姻亲关系的个体之间，因而不是基因所能直接或间接解释的，把其归入互惠利他行为是比较恰当的。这种利他行为一般可以看作有限团体内部人们相互保险的一种方式，例如，朋友、乡邻之间无偿的转移支付可以为团体内的每个成员提供某种灾害保险。由于团体内部成员之间存在长期持续的互动关系，信息交流频繁，声誉机制能够较好地遏制机会主义行为，即使不存在外部第三方强制执行力量，这种互助合作机制也能够稳定而长期地存在。同时还需要指出的是，我们认为姻亲家族成员之间的利他行为并非社会生物学的基因选择理论能够完全间接解释的，其间也存在互惠利他行为，两者彼此混合和纠缠在一起，并且很难区分开。

上述这类发生在没有任何血亲关系个体之间的利他行为可以视为团体利己行为，或"开明的自利"。Becker（1974，1981）用"社会行为互动"来解释慈善捐赠等发生在更大团体范围内（例如整个社会）的利他行为。在他看来，利他行为的真正本质在于人们利用自身有限的资源（货币、时间、精力等）来"生产"构成"个人社会价值"的诸如尊严、荣誉、社会地位等产品。这些产品不是商品，无法直接用货币直接在市场上购买，却是个人效用函数中的重要决定因素。社会行为互动理论认为，之所以一些人表现出更多的利他行为，并非这些人比其他人在天性中有更多的利他行为"基因"，而是在具体约束条件下，选择利他行为比追逐权力、财富等其他方式更能有效实现"个人社会价值"。换言之，这种表面上冠冕堂皇的利他行为本质上是外生的，仍然是自利的个人实现自身效用最大化的理性选择的结果，表面上的仁慈隐藏了背后的自私自利。实际上，互惠利他行为不仅仅适用于持续互动的有限团体内部，同样适用于家族成员之间，并且和血亲利他行为交织在一起，如果排除掉一些"自我牺牲"等极端情况，要把家族中的血亲利他行为和互惠利他行为截然分开是很困难的。

本书关于家族企业利他行为的分析，主要涉及血亲利他行为和互惠利他行为。由于要把两者真正区分开来极其困难，我们将两类利他行为放在同一层面处理。假设家族企业中所有的利他行为都是自我实施的，利他行为者本质上都是自利的，个体在实施利他行为中伴随着追求自身效用的最大化（Bergstrom，1993），因此，家族成员同样是在既定的约束条件下进行最优行为选择的"理性人"。借助效用函数方程，利他行为可以一般化为存在正的利他行为因子（该因子度量了利他行为水平或程度），使一个利他行为者的福利和他所关心的其他人的福利具有正相关关系：

$$U_i = u_i(c_i) + \beta_{ij} u_j(c_j)$$

其中，i 表示利他主义者，j 表示 i 所关心的另一个人，β_{ij} 代表 i 对 j 的利他行为水平或程度，称之为 i 对 j 的利他行为因子；对于 β，有 $0 < \beta < 1$，以排除"妒忌"和"过分的利他行为"两种极端情况；当 $\beta = 0$ 时，i 便成为一个彻底的利己主义者。

可见，在经济学意义上，差序格局的作用机理是处于中心位置上的"己"与不同圈中人员的利他行为水平产生了系统化的差异，其对靠近内圈人员的利他因子（或利他行为水平，下同）β 要大于中圈人员，对中圈人员的利他因子 β 又要大于外圈人员，以此类推。由于利他因子 β 的由内而外逐圈下降，导致形成了传统华人社会"像水的波纹一般，一圈圈推出去，愈推愈远，也愈推愈薄"的人际关系格局。如前所述，本书将差序格局的人际关系结构和市场机制视为两只"看不见的手"，认为这两只手去配置资源的机理是截然不同的。正式的市场机制是完全利己的"经济人"在价格体系的作用下配置资源；相形之下，差序格局作为一种非正式配置资源的方式，则是在不同程度上具有利他主义倾向的个体在价格体系起作用之外的特定组织和团队中参与配置资源，特别是在家庭等特定组织中起着主导作用。

第三节　本章小结

国内外公司治理领域的研究越来越关注那些隐藏在正式制度背后的、看不见的因素对治理结构的影响。本书将对象锁定于"差序格局"这一在华人社会，尤其是中国本土社会极具代表性的传统非正式制度，以此为切入点来揭示非正式制度对国内家族企业治理结构及绩效的影响。同时，本书通过将差序格局的研究从组织领导和工作团队领域延伸到企业理论和企业治理结构领域，也可以消除组织行为理论与公司治理理论之间长期割裂的状态。

本书认为，尽管随着中国社会现代化进程的推进，差序格局发生作用的范围和程度正在弱化，但其仍然对人们当前的社会经济活动产生着极为重要的影响。差序格局不仅仍然是中国本土社会结构和人际交往模式的根本特征，在经济上还具有重要的资源配置的功能，是在正式制度弱化、各类要素市场发育不完善的环境下，民营企业家，尤其是"洗脚上岸"的第一代民营企业家获取人力资本、金融资本等各类要素的一种重要的非正式方式。相应地，差序格局也会从深层次影响企业所有权、控制权、管理权等一系列权力在不同人员中的配置，从而在深层次上对企业治理结构的形成和绩效产生重要影响。在这个意义上，差序式人际交往格局是除了市场这一只"无形之手"之外，另一只参与资源配置的"无形之手"。

在此基础上，本书进一步认为，虽然推动和支撑差序格局运转的是中国传统儒家道德伦理思想，但是如果剥去在此基础上构建起来的人与人之间的责任与义务，以及所谓的"人情"，差序格局的实质是"己"与不同人之间在利他行为水平上的"差序式"分布结构，即以"己"为中心，呈现由内圈到外圈关系逐步降低的整体特征。也就是说，从经济学意义上而言，推动差序格局运转的力量是个体之间的利他行为，随着利他行为水平的减弱，"己"与不同对象之间的所谓的"人情"关系也"愈推愈远，也愈推愈薄"。因此，如果把差序格局视为一只"无形之手"，它和市场这只"看不见的手"的最大差异在于利他行为是否系统性地参与了资源配置，从而导致两者的作用机理截然不同。

本书在接下来的几章中，将引入并改良中国传统的"五服"思想，以及演化生物学领域的汉密尔顿亲缘系数，构造出不同的衡量差序格局及测度利他行为的方法，并根据实证研究的需要有选择地采用。将差序格局及利他行为的研究从一般定性阶段，进一步拓展到相对精确的定量阶段，也是本书的一个有益探索和创新之处。

第三章　利他行为：从家庭到家族企业

在第二章里，我们在经济学上将差序格局界定为一种非正式的资源配置方式，并认为虽然差序格局外在表现为传统伦理本位基础上的人与人之间的责任与义务，其实质是"己"与不同人员之间在利他主义行为水平（或程度）上的差异。本章首先从家庭中的利他行为开始分析，原因有二：其一，因为家族实质上是放大的家庭，只有把家庭中的利他行为分析清楚了，才能继续分析家族乃至泛家族中的利他行为。其二，最初的家族企业发端于家庭，尤其是在市场体系发育不完全的新兴市场国家和转轨国家，家庭或家族往往不仅向企业提供了宝贵的第一笔资金，主要的创业骨干人员也通常来自家庭，家庭成员也把企业视为家庭资产，把企业组织当作家族组织的一个部分，是家庭掌控的资源和影响力的向外延伸。因此，家族企业是家庭与企业的融合，是两类不同性质组织的复合体，家庭在一定程度上是企业的母体，家庭或家族成员会自然而然地把利他行为带入企业组织。

因此，本章首先分析家庭中的利他行为，并在此基础上分析家族企业中的利他行为。本章探究以下几个问题：利他行为在配置家庭资源中会在哪些方面失灵，从而产生委托代理问题？针对利他行为失灵的不同治理机制的效果如何？利他行为对家族企业中委托代理关系发生作用的机制是怎样的？利他行为对委托代理关系的影响主要取决于哪些因素？通过回答上述问题，我们逐步夯实本书的理论基础，进一步为第四章至第七章的实证研究提供基础理论依据。

第一节　家庭中的利他行为研究

市场上的资源配置主要是在价格机制的作用下通过利己行为完成的，然而家庭中的资源配置主要通过户主的利他行为实现，在核心家庭中更是如此。自斯密（1776）在《国富论》中把追求自身效用最大化的个人作为经济学分析的起点之后，隐含人性自私的"经济人"假设便成为西方主流经济学的基石，以至于一些学者把利他行为当作一个多余的假设。家庭组织和企业组织一样，在新古典经济理论框架中被当作一个黑箱来处理，但是，人类的利他行为并未完全淡出经济学的视野，即便是一些主流经济学家也不同程度地关注这一问题。贝克尔（1974，1981）成功地把主流经济学分析范式拓展至家庭这类非市场组织中。他把家庭视为由一位具有利他主义的户主和一群自利的家庭成员所构成的稳定组织，将家庭组织的本质经济特征归结为家庭成员（尤其是父母与子女）之间的利他行为倾向。贝克尔强调与厂商借助显性或隐性的契约来配置资源不同，家庭内部的资源配置大部分是通过利他行为及相关义务来完成的，"父母为帮助孩子所做的牺牲或孩子为帮助父母所做的奉献，以及维系夫妻之间的爱心等，这些家庭内部崇高的人际关系的'指示器'，从来不为厂商和其他组织所共同具备"。

如同市场在一定条件下会存在失灵一样，家庭中利他行为也会产生资源配置的低效乃至失效问题，从而产生一系列委托代理问题（Pollak，1985；余立智，2006）。长期以来学者较少从资源配置方式的视角来审视家庭中的利他行为，也就不存在所谓利他行为的治理机制问题，因此，在较长一段时期内，西方学者对利他行为治理机制的研究相对匮乏，本土学者对这一问题更是少有涉猎。但是，日常生活经验和经济学理论同时表明，只要资源是稀缺的，就不可避免地会发生不同利益主体争夺有限资源的情况，现实中即便是同属一个家庭的成员，在争夺家庭资源的过程中也会采取各种机会主义行为，引发户主与家庭成员之间一系列委托代理问题。由此产生的代理成本的上升，使利他行为对家庭资源配置的功能出现低效率，在极端情况下甚至完全无效率。因此，探究在不同情境下家庭中利他行为的治理机制及其效率问题，无论对家庭还是家族企业都是一个极具意义且无法回避的命题。

一、利他行为与家庭福利："宠儿定理"

家庭经济学理论最重要的发现之一是"宠儿定理"（Rotten Kid Theorem，亦称"自私儿定理"），该定理表明只要户主（通常指父亲或母亲）是一个利他主义者，足够关爱每一个家庭成员，那么每一个受益的家庭成员无论其如何自私自利，都会像关爱自己一样地关爱户主和其他家庭成员，即不会出现以牺牲其他成员的利益来换取自身利益的情况，从而实现自身行为对其他家庭成员"外部影响的内部化"，即代理成本为零。该定理可以通过如下模型进一步具体化：

假设存在一个由 n 个人组成的家庭，包括一位具有利他主义的户主和 $n-1$ 个自私的家庭成员。为便于分析，假设只存在一种单价为 1 的商品 X，X_i 表示第 i 个家庭成员消费该商品的数量，由于户主是利他的，其个人效用取决于家庭总效用，即每一位家庭成员消费 X 商品的数量，效用函数可以表述为

$$U = U\left(X_1, \cdots, X_n\right) \qquad （1）$$

除户主外的家庭成员都是自私的，只关心自己消费 X 的数量，效用函数为 $U_i(X_i)$。此外，户主拥有一笔足够高的初始财富 I_p，同时，包括户主在内的每一个成员分别为家庭贡献一笔收入，I_i 代表第 i 个家庭成员在转移支付之前获得的收入，$I_i \geq 0$，则家庭总收入为 $I = I_p + \sum I_i$。因此，整个家庭消费商品的总量须满足下式：

$$\sum X_i = I = I_p + \sum I_i \qquad （2）$$

任一家庭成员的行为选择皆存在外部性，即不仅可以影响自身的收入，还能对其他成员的收入产生影响。假设具有利他倾向的户主能够支配家庭总

收入 $I^{①}$，他通过内部转移支付完成家庭总收入在家庭成员之间的二次分配，以实现家庭总效用最大化，因此，户主实质上面临着如下最大化问题：即在满足（2）式的条件下选择一个最优的家庭资源配置比例（$X_1, \cdots, X_n$），以实现（1）式最大化。如果 X 是正常商品，那么显而易见，X_i 是家庭总收入 I 的单调递增函数，即 $\partial X_i(I, \cdots, X_{i-1}, X_{i+1}, \cdots, X_n)/\partial I > 0$，因此，尽管自私的家庭成员仅仅关心自己消费的 X 数量，但都具有内在动力实现家庭总收入最大化，哪怕其行为选择直接降低了自身收入。

上述行为的作用机理可以概括为一句话，即：家庭成员只有实现家庭收益最大化，才能实现自身收益最大化。如果掌控家庭资源的户主是利他的，那么家庭成员能够提高自己效用水平的唯一途径是首先增加家庭总收入 I，然后从户主那里获得转移支付，间接提高自身收入。例如，一个自私的家庭成员 i 采取行动使自身收入减少了 Δ_p，但使户主的收入增加了 Δ_q。如果 $\Delta_p < \Delta_q$，即 i 以降低自身收入为代价提高了家庭总收入 I，那么，虽然在转移支付发生之前 i 对 X 商品的消费量降低了 Δ_p，但户主会转移足够的家庭收入给 i，使他的最终效用高于初始状态。反之，如果一个自私的家庭成员 i 采取行动使自身收入增加了 Δ_p，但使户主的收入减少了 Δ_q，虽然 i 提高了自身收入，但同时降低了家庭总收入 I，由于 $\partial X_i / \partial I > 0$，因此在户主的转移支付发生之后，他的最终效用不仅没有提高，反而还低于初始状态。可见，i 这样做等于"搬起石头砸自己的脚"，因此即便他非常自私，也不会采取这类得不偿失的行为。

由上可知，当存在一个具有利他偏好的户主时，所有家庭成员均与户主一样，都具有动机实现家庭收入最大化，从而在家庭范围内达到"外部效应的内部化"，无论这些成员如何自私自利。贝克尔"挑灯夜读"的例子可以很好地诠释"宠儿定理"：丈夫每晚苦读至深夜，灯光严重影响了妻子的睡

---

① 即使户主支配其他家庭成员收入这一前提不具备，只要户主拥有足够的初始财富，可以通过事后有条件的转移支付来诱导其他家庭成员的行为选择，"宠儿定理"仍然成立。

眠质量，但是，只要挑灯夜读为家庭带来的收益增加超出了妻子睡眠质量下降引起的收益损失，自私的妻子就会选择默默忍受灯光的侵扰。即使她可以轻易制造出断电的假象，在利他行为这只无形之手的引导下，她也不会采取类似的机会主义行为。贝克尔由此认为，虽然利他行为在市场中并无效率可言，但在家庭中却是普遍有效的。

从"宠儿定理"可以得到一个令人振奋的结论，即户主的利他行为会"自动"实现家庭范围内资源配置的帕累托最优，不存在任何委托代理成本。换言之，户主并不需要引入一些"精心算计"的激励和约束机制，就能达到家庭成员之间"外部效应的内部化"，有效消除"逆向选择""搭便车""偷懒"等委托代理问题。"宠儿定理"对家庭经济学和激励理论都具有里程碑式的意义，它第一次从主流经济学视角证明了，至少对家庭这种非市场组织而言，利他行为理论上是可以实现内部资源优化配置的，同时，这一定理也为其他类型的非市场组织中治理机制的设计提供了启发性思路。一些学者甚至将"宠儿定理"与科斯定理相提并论，认为其丰富的经济学内涵还有待进一步挖掘。

二、家庭中利他行为治理机制及代理关系的"两难困境"

但是，如果利他行为会"自动"优化家庭范围内的资源配置，信息完全对称，代理成本归于零，为什么现实生活中因利他行为导致的家庭悲剧却屡见不鲜呢？类似"宠子不孝"的民谚也使人们对利他行为能够消除家庭成员之间行为"外部性"的观点产生怀疑，日常生活的经验亦表明，一些利他行为也可能为家庭成员之间的矛盾和冲突埋下伏笔。

实际上，贝克尔关于利他行为不需要任何治理机制的论述过于乐观了，"宠儿定理"至少隐含了一个前提条件——父母要严格遵循"最后说话"（Having the Last Words）原则（Hirshleifer，1977），即父母的转移支付是一种事后发生且有附带条件的转移支付。即使在最初的静态模型中，户主的转移支付必须发生在子女的行为选择之后，否则孩子就有可能成为一个"不孝之子"，即会以牺牲户主和其他家庭成员利益为代价追求自身利益。莎士比亚的"李尔王悲剧"就是一个典型的例子。李尔王违背了"最后说话"原则，仅仅依据女儿们言语上对他的奉承，就将财富全部转移给善于恭维的大女儿和二女儿，诚实而不善言辞的三女儿却一无所获。结局恰恰是前两个女儿在获得财富后都成了"不孝之子"，不仅对待父亲极端自私，彼此之间也残酷无情，整个家庭最终在内乱中分崩离析直至毁灭。[①]

　　"李尔王悲剧"的直接原因在于户主违背了"最后说话"原则。如果从激励理论来分析，"最后说话"实际上是一种有条件的事后转移支付，即委托人根据代理人的行为选择或最终取得的结果给予相应报酬，而李尔王采取的却是一种无条件的事前转移支付。在子女的行为选择之前，李尔王就将家庭财产作为"礼物"无条件地赠送给他们，一旦家庭财产转移完毕，他对子女未来的行为选择就无法施加有效影响了；对自私的子女而言，既然已经获得大部分乃至全部家庭财产，也就失去了实现家庭收益最大化的动力，转而追求各自收益最大化，哪怕侵占户主和其他成员的利益也在所不惜。实际上，现实生活中各种大同小异的"李尔王悲剧"并不罕见，这表明仅仅依靠利他行为本身并不能"自动"实现家庭内部资源配置的帕累托最优，在利他倾向支配下的转移支付可能会导致资源配置的低效率甚至完全无效率。因此，与市场中的利己行为一样，发生在家庭中的利他行为也需要建立相应的治理机制，否则，利他行为不仅无法消除家庭成员之间行为的外部性问题，反而可能导致家庭内部原有代理问题的恶化。

　　履行"最后说话"条件似乎并不是一件困难的事情，例如，户主可以选择临近晚年才订立或公布财产分配计划，在一个司法体系健全的社会，即使是在户主死后亦能通过有法律效力的遗嘱实施有条件的转移支付。然而，"最后说话"原则如同一剂会带来副作用的药物，在解决一类问题的同时又会带

---

① 这中间当然也涉及道德与人性方面的问题，但不在本书的分析框架之内。

来另一类新的问题：如果孩子有一定数量可以支配的初始财富，或者可以自由通过借贷市场获得资金，就会产生家庭中的"撒玛利亚人困境"（Samaritan's Dilemma）[①]。当父母坚持"最后说话"原则，虽然孩子在获得转移支付之前会一直采取家庭收益最大化的行为，但同时也会存在过度消费倾向（如孩子能够自由获得借款，则会出现超前消费），导致孩子的储蓄不足甚至负债过多，当父母事前没有宣布惩罚措施时，这类情况会愈发严重。因为孩子预计父母不可能在他陷入困顿时弃之不顾，采取这种机会主义行为可以让自己在未来处在一个更为"窘困"的境况中，以便日后从户主那里获得比其他成员更多的家庭资源[②]；相反，如果孩子降低当前消费以提高储蓄比例，父母则会相应降低未来对他的转移支付数额[③]，这实质上相当于父母对孩子的储蓄征收了一道赋税，所以孩子当然没有提高储蓄比例的动力。此时，户主的利他行为不仅无法消除所谓外部性问题，反而对子女起到了"逆向激励"作用——鼓励其成为一个对家庭一味依赖、挥霍无度的"败家子"。Bernheim等（1988）学者甚至由此认为，现实世界中的利他行为更多以一种"反生产性"力量出现，"实际上会使每个人的处境变坏"。

反之，如果父母还是采取"提前支付"的机制，即在孩子行为选择之前就将财产无条件转移给他们，那么孩子"高消费、低储蓄"的倾向是消失了，但"李尔王悲剧"这一老问题又随之而来，"宠儿定理"亦同时失效了。因

---

① "撒玛利亚人困境"最早由 Buchanan（1975）在公共福利政策领域提出，原指如果个人预计到政府未来会提供救济，就会提高当前阶段的消费比例，从而导致个人储蓄率低于合理水平。

② 也有学者（Lagerlof，2004）认为，在信息不完全的情况下，由于父母并不知道孩子实际上需要转移支付的数额，孩子就会提高储蓄水平，或者说采取"装穷"策略，以向父母发出信号表明自己未来需要更多的转移支付。

③ 一些学者认为，"宠儿定理"失效的根本原因在于孩子的效用函数中出现了第二种商品。例如，"败家子"产生的原因是孩子的效用函数中出现了两种（或两期）商品，即当前消费的商品和未来父母转移的商品，孩子就有动力通过调整第二种商品的消费数量，以使家庭效用可能性边界朝着有利于自己的位置移动；下文论述的"懒儿"产生的原因亦是如此，孩子的效用函数中除了原有单一商品之外，还出现了"休闲"（或工作）这一商品，如果孩子的努力水平没有获得相应的边际产出，就会选择偷懒。

此，在孩子拥有一定初始财富的情况下，户主在设置利他行为治理机制时面临着两难困境："撒玛利亚人困境"和"宠儿定理"如同一对如影随形的孪生兄弟，要么同时存在，要么一起消失。不管父母采取哪一种治理机制，利他行为都无法达到家庭内部资源配置的帕累托最优，只能在两个非此即彼的次优结果中权衡：如选择"最后说话"机制，结果是处在"撒玛利亚人困境"之中的好孩子；如选择"提前支付"机制，得到的是置于"撒玛利亚人困境"之外的"不孝之子"。可见在一些情况下，即使引入相应的治理机制，利他行为也无法达到家庭内部资源配置的理想状态，"宠儿定理"总会在某一个维度失效，委托代理成本自始至终存在，并没有如人们期望的那样完美。

三、信息不对称、利他行为治理机制与委托代理成本

以上分析都建立在父母、孩子双方信息完全对称的前提下，即孩子的行为选择不是私人信息而是公共信息，父母能够清楚地观察孩子的一举一动。但在现实生活中，这一严格的假定往往很难得到满足，由于孩子长大成人（尤其是成家立业）之后不再与父母生活在一起，父母很难知道孩子到底做了些什么，双方之间不可避免地会产生不同程度的信息不对称。如果父母在信息不对称的情况下依然采取"最后说话"机制，不仅有可能面临"撒玛利亚人困境"，还有可能进一步诱导孩子成为"懒儿"。

在孩子长大成人之前，"最后说话"机制无疑是一种理想的治理机制。一方面，处在这一阶段的孩子往往没有可以自由支配的收入（很多情况下即使孩子获得了收入，在结婚建立家庭之前也会将绝大部分收入上交给父母），从而消除了"撒玛利亚人困境"产生的土壤；另一方面，由于孩子和父母共同生活在一起，双方在小范围内频繁互动，确保了父母能够近距离、持续地观察孩子的言行举止。例如，父母能够清楚地知晓孩子是否在努力完成学业，是否在尽力帮助大家分担家务等，然后再根据孩子的努力程度给予相应数额的转移支付，就可以消除孩子身上那些有可能产生外部性的行为。

但是，在孩子长大成人特别是单独成家立业之后，父母与孩子之间的互动频率大大减少，父母很难准确地知晓孩子是在为事业努力奋斗还是在懒散度日，只能间接观察到其行为选择的最终成果（主要体现为个人收入等）。在这种信息不对称的情况下，如果父母仍然采取"最后说话"机制，就只能以孩子的行为选择产生的最终结果，而不是行为选择本身作为确定转移支付数额的依据。然而，与原来的家庭活动有所不同的是，劳动力市场中活动的最终成果不仅仅取决于个人努力程度，还更多地受到市场风险等不确定因素的影响，换句话说，它是个人内在努力程度和外在不确定性共同作用的结果。此时，如果父母仅仅根据最终成果给予孩子相应数额的转移支付，就会产生另一类"逆向激励"问题——父母的利他行为不仅没有鼓励孩子努力工作，而是在诱导其成为无所事事的"懒儿"。原因在于在信息不对称条件下，当孩子处于一个较低的收入水平时，父母无法辨别这是因为孩子不努力工作还是由于其他不可抗拒的市场风险所造成的，因此，父母不仅无法惩罚孩子的偷懒行为，反而有可能在利他偏好的支配下给予孩子一个较高数额的转移支付，以提高自身（抑或家庭整体）福利水平[①]。对自私的孩子而言，如果在低收入状态下从父母那里获得的转移支付比高收入状态下还要高，换言之，如果孩子努力工作取得了高收入，但换来的是父母未来转移支付的减少，就不可能有动力去努力工作，继续偷懒并将低收入归咎于糟糕的市场运气就成了孩子的最优策略。

可见，在信息不对称条件下父母如果仍然坚持"最后说话"机制，利他行为不仅会让孩子成为一个"败家子"，还会鼓励其充当一个"懒儿"，与前述信息对称情况下相比，利他行为支配下的家庭资源配置有可能进一步趋于低效率乃至无效率。相比之下，在信息不对称条件下采取"提前支付"机制则不会存在"逆向激励"问题。在转移支付数额一定的情况下，孩子选择

---

① "懒儿"产生的机理类似于"撒玛利亚人困境"。

的努力程度要高于在"最后说话"机制下选择的努力程度，如果不考虑那些可能对其他家庭成员带来"外部性"的行为，家庭整体收入水平也会相应更高一些。因此，如果父母与孩子之间的信息是不对称的，单就孩子在劳动力市场的努力程度而言，"提前支付"机制的效率要高于"最后说话"机制，与后者相比，前者耗费更小的委托代理成本（即转移支付数额）就能诱使孩子选择同等水平的努力程度。

四、自我控制问题、利他行为治理机制与委托代理成本

那么是否只要处在一个信息完全的环境中，"最后说话"机制就能避免孩子成为"懒儿"呢？答案仍然是不确定的，最终结果还取决于父母是否有足够的能力解决好"自我控制问题"，这一问题又被称为"个人自身代理问题"（Thaler & Shefrin，1981），即由于人们的有限理性或与生俱来的人性弱点，沉溺于那些对自身和组织都没有益处的行为。由于人们在追求自身福利过程中既可以从理性行为（如获取正常财富）中获取"好的"效用，也可以从非理性行为（如吸毒、酗酒）中获取"坏的"效用，"自我控制问题"便由此产生了。在完全信息条件下，父母可以将孩子的努力程度了解得一清二楚，但仍然有可能在明知孩子"偷懒"的情况下，继续慷慨地给予无条件的转移支付。原因在于利他偏好把父母与孩子的效用函数联系在一起，父母的效用中有一部分源自子女的效用，无条件转移支付在增加孩子效用的同时也会间接提高父母的效用。这部分由无节制利他行为带来的效用对父母而言恰恰是一种"坏的"效用，因为短期内父母虽然可以从中获取效用，但从长期而言，这种无节制利他行为只会鼓励孩子的机会主义行为，最终让每个人的境况都变得更差。

通常情况下，人们会在不同程度上意识到"自我控制问题"的存在，并有动力采取一些措施来缓解和避免由此产生的负面效果。家庭活动中父母能否解决"自我控制问题"，取决于其是否具有较高的自我约束水平，即能否

有效地惩罚并制止孩子的偷懒行为，降低乃至消除自身对无节制利他行为带来的短期效用的依赖。如果父母在事前就给孩子制定明确的规则，事后又能够毫无保留地惩罚其偷懒行为，通常能够有效阻止孩子变成"懒儿"。然而，现实中做到这一点并不容易，父母往往不愿意采取惩罚行为，因为利他偏好把父母和子女的效用函数捆绑在一起，惩罚行为在直接降低孩子效用的同时，也间接降低了父母自身的效用，父母的利他程度越高，就越不愿意对孩子实施惩罚措施。孩子在一段时间重复博弈后就会发现，父母本质上也是"自私"的，其慷慨在一定程度上并不取决于自己的回报，而是源于提高自身的效用水平，因此，即使自己对预先制定的规则置之不理，父母还是有动力持续地提供转移支付。一旦孩子确信父母制定的规则是一种"软约束"，整天游手好闲、无所事事便成为其最优选择①。长此以往，孩子不仅不会对父母的转移支付心存感激，反而会把它视作理所当然的一种习惯性行为。更为严重的是，如果一个家庭有多个孩子，只要其中一个孩子某一次逃脱了惩罚，那么整个惩罚机制就有可能趋于失效，因为当其余的孩子发现父母发出的惩罚威胁是一种不可信的"空头"威胁时，一个人的偷懒就有可能演变成孩子的集体偷懒，由此产生的"逆向激励"问题会变得愈发不可收拾。

可见，即使是在完全信息条件下，如果父母缺乏有效的自我控制能力，"最后说话"机制也无法避免孩子沦为"懒儿"。要让孩子认为父母的惩罚威胁是可信的，唯一方法是父母提前将家庭资源的大部分消费掉，使未来对孩子的转移支付变得不可能，父母的利他偏好越强，就需要消费越大比例的资源来限制日后的转移支付。只有当孩子明白即便是自己日后陷入困境父母也爱莫能助时，努力工作以自食其力才会成为其最优选择②。但是，如果父母采取了这种极端的方式，由此产生的委托代理成本也是巨大的，过度消费当前

---

① 诸如"宠子不孝，宠狗爬灶"的民谚也从一定程度上解释了"懒儿"的成因。
② 父母采取这一策略行为也从一个角度诠释了"儿孙自有儿孙福，莫与儿孙作远忧"之类的民谚。

家庭资源不仅降低了家庭的长期福利，还降低了家庭抵御外部灾害和风险的能力。因此，如果父母缺乏良好的自我控制能力，无论双方的信息是否对称，"最后说话"机制都无法实现家庭内部资源配置的帕累托最优。简言之，父母的利他偏好会挟持自身的行为选择——要么持续给予无节制的转移支付，要么不得不过度消费家庭资源，最终无论采取哪种方式，都会导致家庭内部资源配置的低效率乃至无效率。上述论断不仅适用于对"懒儿"的分析，同样也适用于对"撒玛利亚人困境"中"败家子"的分析。

五、家庭中相机选择的利他行为治理机制设计及效率

以上分析表明，家庭内部的利他行为不存在一种适用于任何情境下的完美治理机制，无论是"最后说话"还是"事前支付"机制都会不可避免地在某一维度失效。在孩子成长过程中会依次经历幼年、童年、少年和成人几个时期，如果以是否独立获得收入为标志，大致可以分为未成年和成年两大阶段，父母要做的是在不同的情境条件下选择最优或者最恰当的治理机制，以使利他行为带来的负面效应最小化。以下通过分析两类典型的情境来探讨这一问题。

由于在第一阶段基本上不存在信息不对称，孩子通常也不能获得并自由支配个人收入，因此既不存在过度消费当前收入的情况，也很难隐藏"偷懒"等机会主义行为。此时，如果父母具有完全的自我控制能力，采取"最后说话"机制既可以避免孩子成为"败家子"，也可以防止其成为"懒儿"，在理论上能够实现家庭内部资源配置的帕累托最优；反之，如果采取"提前支付"机制则可能会产生"李尔王悲剧"。可见，如果父母具有完全的自我控制能力，"最后说话"机制要严格优于"提前支付"机制，但现实中人们通常只具备部分自我控制能力，"最后说话"机制很难达到"宠儿定理"所描述的理想状态，虽然能够防止孩子成为"败家子"，但仍然会在不同程度上

诱导孩子充当"懒儿"[①]，因此在孩子未成年阶段，父母实际上处于选择"懒儿"还是选择"李尔王悲剧"的两难选择之中（见图 3.1 状态Ⅰ）[②]。

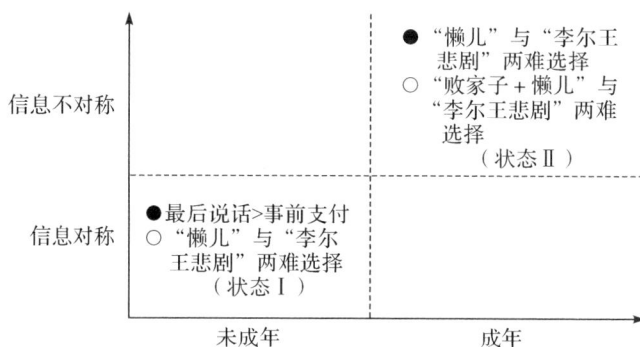

图 3.1　不同情境下利他行为治理机制以及效率分析

注：●表示在父母具备完全自我控制能力；○表示父母具备部分自我控制能力。

当孩子长大成人尤其是离开父母独立后，即使父母具有完全的自我控制能力，"最后说话"机制同样无法避免孩子成为"懒儿"，原因如前所述，后一阶段开始出现信息不对称，父母已无法分辨孩子的努力程度，因而很难有效惩罚孩子的偷懒行为。由于通常情况下，父母只具有部分自我控制能力，"最后说话"机制不但无法完全阻止孩子成为"懒儿"，还可能进一步纵容孩子不同程度上成为"败家子"。因此，一旦孩子步入成人阶段，无论父母是否具有完全自我控制能力，利他行为都不存在最优的治理机制，其配置家庭内部资源的功能开始弱化。此时，父母采取"最后说话"机制还是采取"事前支付"机制，实际上处于选择"懒儿"或"懒儿＋败家子"还是选择"李尔王悲剧"的两难之中（王明琳等，2011），详见图 3.1 的状态Ⅱ。由此可见，即使父母具有完全自我控制能力，家庭中的利他行为也不存在一种适用于所

①　在双方信息对称的前提下，孩子成为"懒儿"的可能性和程度直接取决于父母的自我控制水平。

②　大部分情况下父母会选择"最后说话"机制，宁愿在不同程度上纵容孩子的偷懒行为，也不会采取"提前支付"机制，以避免孩子成为一个"不孝之子"，因为相对于"懒儿"，"不孝之子"显然是父母更不希望发生的结果。

有状态的完美治理机制，而现实中人们的自我控制能力总是有限的，更多的时候会陷于"两难选择"中权衡利弊得失。

以上仅仅讨论了理论上存在的两类典型的情境，现实中发生的情境要复杂得多，可以说是一个涵盖自我控制水平、信息不对称程度、孩子成长过程三个维度的连续分布的状态。处在不同情境中的父母要做的是在充分考虑上述三个维度的基础上，结合孩子的理性程度和个人品行、转移支付的数量和类型等因素进行综合权衡，精心设计并相机选择最为恰当的治理机制，通过引入这种动态治理机制，最大限度地发挥利他行为配置家庭资源的积极效应，尽可能地降低各类委托代理成本。

第二节 家族企业中利他行为研究

在很大程度上，家庭（族）企业可以看作是传统家庭组织在更严格的约束条件下的专业化、市场化和规模化（余立智，2006）。虽然任何企业组织中都不同程度地存在利他行为，但家族企业最具代表性，一定程度上可以把根植于家族成员之间的利他行为视为家族企业的根本特征之一。家族企业中家庭或家族与企业交织、融合在一起，是两类不同性质组织的复合体，在追求家庭或家族的目标的同时也追求企业的目标，兼具企业系统和家族系统的特征（Tagiuri et al.，1992；Chrisman et al.，2003）。如前所述，最初的家族企业发端于家庭，家庭或者家族是企业最初的资金和人力资源的最主要的来源（李新春等，2015），因此，家庭或家族在一定程度上是企业的母体，家庭或家族成员会自然而然地把利他行为带入企业。Schulze 等（2000，2001，2003）及 Lubatkin（2005）从行为经济学视角出发，认为同公众公司中分散的社会股东与职业经理人之间的委托代理关系相比，家族企业中业主（委托人）和家族经理人（代理人）之间的委托代理关系最大特质在于嵌入了基于亲缘关系的利他行为。

一、家族企业中利他行为与委托代理关系

与家庭一样，委托代理问题也是公司治理领域的核心问题。一些学者乐观地认为，"宠儿定理"不仅适用于家庭组织，同样也适用于家族企业组织。就像 Ward（1987）、Daily 和 Dollinger（1992）、谭庆美等（2018）所指出的，利他行为有利于培养企业主与家族经理人之间的忠诚，缓解双方的信息不对称，有效降低交易成本。可以在一定程度上认为，根植于企业主和家族经理人之间的利他行为，是民营企业的家族治理模式区别于其他形式企业最为关键的因素。利他行为如同一根极其富有韧性的长长的纽带，将家族成员紧密联系在一起。它能够培养家族成员之间的相互关爱、体谅和信任，激发家族成员对家庭的责任和义务，甚至有助于每个家族形成自己独特的历史、语言和身份认同（Simon，1993；Eshel et al.，1998），进而帮助企业实现跨代传承（胡宁，2016）。反之，这种"家族特性"（familness）又构成所有的家族成员共享的隐性知识，形成家族企业独特的交流和决策方式（Gersick et al.，1997），降低家族成员内部的信息不对称，培养家族经理人对企业主的忠诚，促使家族成员对企业长期目标做出承诺。即使某些家族成员在法律上并不拥有企业所有权，但在利他行为的引导下，家族成员也会拥有"心理上"的所有权，也会把自己当成企业事实上的所有者，怀着拥有家族资产剩余索取权的信念行事（Stark & Falk，2000），从而能较好地协调与企业主之间的利益冲突。

但也有一些学者从行为经济学的视角出发，认为利他行为有可能导致业主的"自我控制问题"恶化，对家族企业代理关系的最终影响并不确定。而利他行为对代理关系的最终影响取决于业主对该问题的自我约束水平，当业主自我约束水平较高时，利他行为可以缓解家族企业的代理问题；反之，则会导致其恶化。

对华人家族企业来说更是如此。在很大程度上，华人家族企业更加会被视为家庭经济功能的持续放大，甚至还承担了家族的社会政治功能。家族的

荣辱和企业的兴衰紧紧联系乃至捆绑在一起，企业不仅是家族收入的主要来源，还是安置家族成员就业的场所，甚至是光宗耀祖、实现家族兴盛和提高社会声誉的重要途径。但是，家族和企业的关系并非一成不变的，而是随着企业发展阶段的变化而发生改变。虽然在创业和发展初期，家族福利和企业利益在很大程度上是重合的，但是，在企业不断发展壮大之后，企业主的个人目标、家族的目标和企业的目标之间开始不可避免地发生冲突。

具体而言，迫于外部市场的竞争压力，企业必须追求效率的最大化，尤其是在当前外部经济形势不确定和技术变革加速进行的大背景下。然而，由于受到中国传统儒家家族伦理的影响和制约，企业主需要追求家族的整体兴旺及家族成员内部的和谐。显然，在同一经济组织内无法使具有各自身份标准、组织结构和价值取向的家庭系统和企业系统同时运转，企业主的行为不可避免地摇摆于家族福利和企业效率之间，其主观目的是努力实现两者的均衡，但是最终结果却很有可能导致决策紊乱。在很多情况下，利他主义驱使业主牺牲企业效率换取家族福利（Schulze et al., 2002；余立智，2006；王明琳等，2006，2014）。例如，一个临近退休的创业者如果认为下一代接班人缺乏必要的领导技能，或者考虑到指定接班人可能引起子女之间的妒忌，进而引发家庭内部的纠纷，可能会选择推迟退休。虽然这种选择完全出于利他考虑——企业主为了家族的福利不得不任劳任怨地继续工作，但客观上却可能挫伤潜在接班人的积极性，甚至产生交接班危机，从而在事实上严重地威胁企业的长远发展。

Schulze 等（2000，2001，2003）认为，与所有权、控制权分离的家族上市公司相比，由所有者控制（方框 A）、股份流动性低（方框 B）的家族非上市公司更容易产生业主的自我控制问题（方框 C）的困扰，原因在于，企业主比公众公司的职业经理人所面临的监督和制约因素要少，更有条件动用企业资源从事自认为"理所应当"的活动，例如，在个人冲动支配下单纯追求企业规模扩张，进行跨行业的兼并等。对非上市的家族企业而言，业主的利他行为（方框D）会进一步加重自我控制问题，导致诸如道德风险、劫持、逆向选择（方框E、F、G）等代理冲突恶化，如图3.2所示。

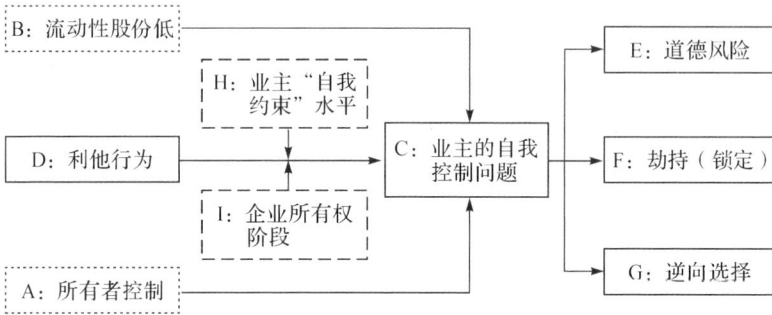

图3.2　利他行为对家族企业委托代理关系的作用机制

资料来源：Lubatkin et al.（2005）。

例如，由于企业主担心损害一些家族经理人的福利，可能不愿意采取基于绩效的薪酬制度，或者即使采取了相关措施，由于担心引发家族成员之间的纷争，也很难在真正意义上得到严格执行，导致一些工作懈怠的家族经理人同样能获得比较高的薪酬。长此以往，当任劳任怨的家族经理人和职业经理人发现个人的贡献和收益不相符时，会采取在职消费等机会主义行为，拿回认为自己"理所应得"的那一部分。再如，企业主倾向于优先雇用和提拔家族经理人，导致高素质的外部职业经理人选择另谋高就，类似的"劣币驱逐良币"现象将导致经理人团队整体水平不断下降，以至于产生家族企业内部经理人的"柠檬市场"（即"次品市场"）。最后，在利他主义的支配下，企业主不愿意开除那些低素质、不努力的家族成员，而家族成员由于要承担巨大的退出成本（不仅丧失优厚的薪酬、未来可能的继承权，还会远离家族亲情关爱、降低其在家族中的地位），更不愿意离开企业，导致企业主和家族经理人之间发生相互"锁定"效应。

由上可见，如同家庭组织中的利他行为一样，家族企业组织中的利他行为也不能"自动"实现企业资源配置的帕累托最优，家族企业有必要建立一套系统性的利他行为治理机制，以有效抑制和消除利他行为对组织内部代理关系带来的负面影响。例如，家族企业应根据企业发展阶段、市场竞争优势等情境因素动态调整家族经理人的薪酬体系、晋升体系，在特定的情境中还要建立家族经理人的中途退出机制（在后续第五章和第七章的实证研究中，这一观点会得到实证检验的反复支持）。再如，自我控制问题普遍存在于人群之中，但大多数人都会不同程度地意识到这一问题，并有动力采取相应措施减轻或避免其产生的负面效果。Lubatkin 等（2005）认为，现实中一些企业受益于利他行为带来的积极影响，而另一些则遭受利他行为产生的消极影响，这关键取决于企业主的自我约束水平（见图 3.2 中方框 H），即企业主能否建立有效的自身代理问题的治理机制，以缓解乃至消除"自我控制"问题。例如，预先制定个人行为准则，严格实施自我奖惩制度；或者构建包含各种不同声音的企业董事会，制定家族"宪法"，定期召开家族成员广泛参与的家族理事会等方式，广泛听取各类成员意见，有效抑制个人非理性的利他冲动，以实现自身和组织的长期受益最大化。换言之，只有企业主具备了良好的自我约束能力及相应的治理机制，企业才能取得利他行为对代理关系的积极效应。

二、利他行为对称性与家族企业代理关系效率

如果要从更为微观的层面来探究利他行为对家族企业代理关系的影响，就有必要分析利他行为的对称性问题，并进一步研究可能对利他行为对称性发生作用的各种外部因素。与典型的公众公司相比，家族企业代理关系的最大特征是除了面临委托、代理双方信息不对称问题外，还面临着双方利他行为水平的不对称问题。通常情况下，业主（父母）的利他因子要大于家族经理人（子女）的利他因子，由此导致双方的行为选择偏离了主流代理理论所描述的均衡状态，实现双方利益兼容的条件也变得更为严格。

一些学者（Chami，2001；Chrisman et al.，2003）的研究表明，双向、对称的利他行为能够缓解委托、代理双方的利益冲突，促使家族经理人把机

会主义行为的成本内部化，从而有效缓解以至完全抑制偷懒、在职消费等行为。如果业主与家族经理人之间存在高水平且对称的利他行为，家族企业代理关系的效率尤其高，Davis 等（1997）甚至主张家族企业的代理问题适合于"管家理论"，即家族经理人会像业主那样全心全意、尽忠尽职地工作，并且不需要任何外在物质激励。实质上，管家理论就是一种完美利他行为——双方的利他因子都等于 1，对方利益和自身利益完全一致（Chrisman et al.,2003），因而一切旨在降低代理成本的制度设置都是多余的。

但是，上述理想状态在现实中存在的概率很小，即使 Becker（1981）也不得不承认，对称的利他行为与其说是一般规律还不如说是例外，Dawkins（1989）也指出，"父母和孩子之间的关系存在根本性的不对称，父母对孩子的关爱远超过了孩子对父母的关爱"。如果双方存在上述不对称的利他行为，企业主就会滥用企业资源对家族经理人进行转移支付，同样会引发类似"撒玛利亚人困境"的情况（Lubatkin et al., 2001）。

如何测量利他行为的对称性是一个难题，因为这一数据无论是对企业主还是家族成员来说都极其敏感，双方"口惠而实不至"的情况也会导致量表失效。近年来，一些典型案例研究发现，利他行为的对称性与企业发展阶段或竞争优势存在紧密关系。随着企业竞争优势的不断扩大，企业主和家族经理人之间利他行为的不对称程度往往也逐步增加，利他行为的正面效应会被负面效应逐渐抵消以至完全取代。最终，不对称的利他行为不仅不能缓解信息不对称问题，反而会起到逆向激励的效果，实质上加重了家族经理人偷懒、搭便车等机会主义行为。例如，Karra 等（2006）对土耳其的 Neroli 公司进行了长达 15 年的持续跟踪调研，有如下发现。

在公司发展前期，利他行为的确降低了家族成员之间的代理成本。创业之初，企业主 Karov 就将他的妻子、兄弟和妹夫等人一并招入企业，将他们一一委以重任并给予优厚待遇，甚至无偿将公司股份赠送给他的兄弟。在企业发展的这一阶段，利他行为提升了家族成员的归属感和向心力，他们与 Karov 一样勤奋工作、任劳任怨，并且不计较个人利害得失。例如，Karov 的兄弟承担了连职业司机都不愿从事的运输工作；Karov 的妻子和妹夫除了承担日常管理工作以外，还承担了清洁、打包等琐碎杂务。与外部员工相比，家族员工有着更强的责任感和积极性，大家齐心协力"拧成一股绳"，往往每天工作更长时间，并且常常主动放弃例行的休假，每逢生产旺季时就睡在工厂里。

但是，公司成立10年以后，随着公司规模逐步壮大及在市场上的竞争优势不断增强，利他行为对代理关系的负面效应开始逐步显现出来，一些家族员工开始表现出越来越严重的偷懒、搭便车行为和过度在职消费等机会主义行为倾向。例如，Karov 的兄弟逐渐丧失了工作动力，终日无所事事，但凭借手中股权仍可以获得稳定且丰厚的收益，这又使那些仍然勤奋工作的家族员工产生了严重的受挫感，并且对家族及企业组织的公平性产生严重怀疑。然而，面临上述问题，具有企业主和家长双重身份的 Karov 由于害怕损害家族和谐乃至引发家族成员之间的分裂，在利他行为支配下采取了消极回避的态度，不愿意对其兄弟采取任何惩罚措施，这反过来又进一步加剧了其他家族员工的受挫感，进而回报以更为严重的机会主义行为。

借助数理模型，Chami（2001）分别证明了对称、不对称两类利他行为在企业不同阶段对代理效率的影响。通过构造一个同时包括家族经理人和职业经理人的代理模型，分别在完全竞争市场（即企业不具备竞争优势阶段）和不完全竞争市场（即具备竞争优势阶段）两个环境中比较了"企业主—家族经理人"和"企业主—职业经理人"两类代理关系的效率。在不具备竞争优势阶段，企业只获得市场平均利润；在具备竞争优势阶段，企业则可以获得超额利润，企业主能够控制更多的资源对家族经理人进行转移支付。模型假设委托、代理双方都是风险规避者，经理人的努力程度属于私人信息，企业主为激励经理人实施状态依存的工资制度（即有保障工资加上业绩工资）。两类代理关系的唯一区别在于企业主（父母，p）和家族经理人（子女，k）之间存在利他行为，设 β 代表利他因子，$0 < \beta_i < 1$（$i = p, k$），父母和子女之间的利他因子可能是对称的（$\beta_p = \beta_k$），也可能是不对称的（特指 $\beta_p > \beta_k$）。

在上述假设下，Chami（2001）的模型得到了以下结论：其一，如果 $\beta_p = \beta_k$，在企业不具备竞争优势的情况下，企业主倾向于向家族经理人支付高于职业经理人的有保障工资，而有保障工资水平与经理人努力程度成反比，因此家族经理人的努力程度低于职业经理人；其二，如果 $\beta_p > \beta_k$，在企业具备竞争优势的情况下，由于企业主支配了更多的企业资源，倾向于向家族经理人支付比完全竞争市场情况下更高的有保障工资，会导致"企业主—家族经理人"之间的代理问题恶化；其三，如果 $\beta_p = \beta_k$，在企业不具备竞争优势的情况下，家族经理人的努力程度要高于职业经理人的努力程度（见表 3.1）。

表 3.1　不同状态下两类代理关系的效率比较

状态	市场类型、利他因子对称性	两类委托—代理关系的效率比较
I	完全竞争市场（不具备竞争优势）；不对称利他因子（$0 < \beta_k < \beta_p < 1$）	$PA（1） < PA（2）$
II	不完全竞争市场（具备竞争优势）；不对称利他因子（$0 < \beta_k < \beta_p < 1$）	$PA（1） < PA（2）$
III	完全竞争市场（不具备竞争优势）；对称利他因子（$0 < \beta_k < \beta_p < 1$）	$PA（1） > PA（2）$

如果将三种状态下的两类代理关系进行比较，会发现在状态 III 和状态 II 两个截然相反的前提下，"企业主—家族经理人"之间的代理效率也恰好分

别处于两个极端：状态Ⅲ中的"企业主—家族经理人"之间代理效率最高，而状态Ⅱ中的"企业主—家族经理人"之间代理效率最低。可见，通过引入利他行为的对称性问题，较好地解释了现实中一些家族企业"生于忧患，死于安乐""能共患难却不能共享福"的现象，即当企业处于规模小、竞争力弱的初创期时，家族成员能够不计较个人得失，彼此精诚合作，家族企业因而表现出超高的效率和顽强的生命力；然而，一旦企业发展壮大并取得外部竞争优势后，家族内部却逐步丧失最初的凝聚力和向心力，乃至发生在极为有利的外部环境中分崩离析的情况。

借助 Chami（2001）的模型还可以推理出以下结论：除了利他因子对称性与否，产品市场的竞争程度也会直接影响利他行为的最终效应，即利他行为对家族企业代理关系的最终影响需要通过竞争性的市场来检验，离开了竞争性市场中的利己主义，不仅不能发挥利他行为在家族企业内部配置资源的优势，反而会导致代理问题的恶化。因此，尽管 Chami（2001）本人并没有对上述论断做出明确表述，但实际上他从一个新的视角，对家族企业中利他行为和市场中利己行为之间的关系进行了阐释，把利他行为和自利行为一并视为资源配置不可或缺的手段，两者互相补充、互为依存，有效竞争市场中的利己主义成为家族企业中利他行为发挥积极效应的前提条件。换言之，可以把家族企业视为亲缘选择和市场选择的衔接点，家族成员之间的利他行为通过家族企业这一中介组织间接与市场中的利己主义产生互动。

第三节　本章小结

本章首先对家庭中利他行为产生的委托代理问题、治理机制及其效率进行了研究，得到的最根本结论是：利他行为是一柄双刃剑，对资源配置及其代理效率的最终影响是不确定的。如市场中的利己行为一样，家庭中发生的利他行为也是一种资源配置的方式，如同市场会发生失灵一样，利他行为支配下的家庭也会发生失灵，产生户主与家族成员之间的一系列委托代理问题。

因此，有必要根据所处的具体情境来相机选择最为适合的治理机制，以最大程度地发挥利他行为配置家庭资源的正面效应。事实上，如同在完全竞争市场中也很难达到资源配置的帕累托最优状态一样，现实家庭活动中即使引入相机选择的动态治理机制，也很难达到家庭整体福利最大化的理想结果，资源配置总会在某一个维度产生效率损失，不可避免地引致一系列委托代理成本。但是，如果家庭中利他行为消失了，那么人类的正常生存和繁衍都会面临问题，也正是利他行为的存在带来了人类社会组织形态的丰富多彩，包括企业组织形态的多样性。

在此基础上，本章对家族企业中利他行为对代理关系的影响进行了研究。根植于家族成员之间的利他行为是家族企业代理关系的最根本特征，利他行为对资源配置及其代理效率的最终影响是不确定的，会随着利他水平的对称性、业主的"自我约束"水平及企业竞争优势等因素的变化而相应发生改变。此外，产品市场竞争程度也会直接影响利他行为的最终效应，离开了竞争性市场中的利己主义，不仅不能发挥利他行为的资源配置功能，反而会导致代理问题的恶化。因此，家族企业有必要建立一套系统性的利他行为治理机制，以有效抑制和消除利他行为对代理关系产生的负面影响。通过本章对利他行为的分析，能够更容易理解发生在家族企业身上看似矛盾的现象：一方面，家族企业在全世界范围内表现出顽强的生命力，能够适应恶劣多变的环境并且迅速成长；另一方面，家族企业"创业容易守业难"及"富不过三代"的故事始终在不断重演。

第四章　差序格局、利他行为与上市家族企业的权力配置

　　权力配置结构是企业治理结构的核心问题之一，对企业可持续健康发展至关重要，权力分配通过影响企业各个参与人事后的谈判力量，进而影响企业的成长和治理效率。相对于英美国家典型的公众公司，由于家族的涉入，家族企业表现为一类特殊的组织形态。对华人地区尤其是中国家族企业而言，由于传统差序格局作为一种非正式的资源配置方式，在深层次上会对企业所有权、控制权、管理权等权力的配置产生影响。已有学者研究了家族成员内部权力配置结构及其对家族企业绩效的影响，但是，很少或者几乎没有学者关注到除了普遍受到关注的个人能力这一因素之外，还有哪些特殊因素对企业的权力配置产生影响。这一问题正是本章所提出的核心命题。

　　如第二章所指出的，我们认为从资源配置的角度看，差序式格局的实质是"己"与不同人员之间在利他行为水平上的差序式分布，即由内而外地呈现逐圈递减趋势。由于利他行为，尤其是家族成员之间的亲缘利他行为融入家族企业之中，影响企业内部权力配置的因素更多，其机理也比一般企业更为复杂。我们认为对家族企业而言，尤其要关注家族成员之间利他行为对企业权力体系配置的影响，简言之，涵盖血亲和姻亲关系的亲情法则在企业不同类型权力配置中到底扮演了什么角色呢？本章沿着费孝通（1947）的思路，通过构造"双系均衡扩展的五等亲模型"来度量以家族企业实际控制人为中心的差序格局，试图拉开家族企业研究中"家族"这一层厚厚的幕布，以"真

正"或狭义家族上市公司中的所有家族成员作为研究对象，探讨差序格局及其利他行为对上市家族企业内部权力配置的影响，将家族治理及家族企业治理研究的逻辑链条进一步向初始端推演。

第一节 上市家族企业权力配置典型案例

贺小刚等（2009，2010）通过测度家族内部的权力集中度、权力偏离度等对家族企业的内部治理效率进行较为系统的实证研究，进一步地，杨婵等（2018）还探讨了"创一代—至亲"组合治理模式如何影响企业绩效，虽然他们的研究探讨了家族成员间权力配置结构及其对企业绩效的影响，但缺乏对权力配置影响机制的进一步研究。笔者认为，要进一步揭示家族企业内部治理的机理所在，除了要关注家族内部权力配置结构的治理效率之外，还应深入研究背后影响权力配置结构形成的相关因素。

企业的权力体系涉及所有权和控制权，后者又分为剩余控制权和特定控制权（潘必胜，2009），相关实证研究表明财产均分将不可避免地带来所有权权威的分散（邹立凯等，2019）。文献中一般以现金流权衡量所有权，以投票权衡量剩余控制权，以具体的经营权或管理权代表特定控制权。由此，企业的权力在家族成员间的分配涉及所有权（终极现金流权）、剩余控制权（投票权）及特定控制权（管理权）三者的结构组合。在现实中可观察到如下三种类型：持股但不任职的家族成员、任职但不持股的家族成员、既持股又任职的家族成员。

以郑州三全食品（股票代码：002216）为例，其创始人陈泽民为实际控制人，担任董事长一职，并直接持有三全14.72%的股份，其个人现金流权和投票权均为14.72%。陈泽民的配偶贾岭达担任公司副董事长，通过直接和间接持股拥有三全25.37%的现金流权，投票权为28.52%。陈南、陈希是陈泽民的长子和次子，分任公司总经理、副总经理，并各自持有10.58%的股份，相应的，其投票权均为10.58%。张玲作为长媳，通过三个海外公司间接持有三全 10.78% 的股份，其投票权达到了 19.26%，但并未在公司任职。而贾岭达的胞弟贾勇达担任公司的监事会主席，但持股量甚微①，与前几位家族成员相较，相当于不持股。如图 4.1 所示，作为陈泽民配偶的贾岭达和直系血亲的陈南、陈希，既持有股份，也担任着较为重要的管理岗位。而张玲（血亲的配偶）仅持股但不任职，贾勇达（配偶的血亲）在公司任职但几乎不持股。

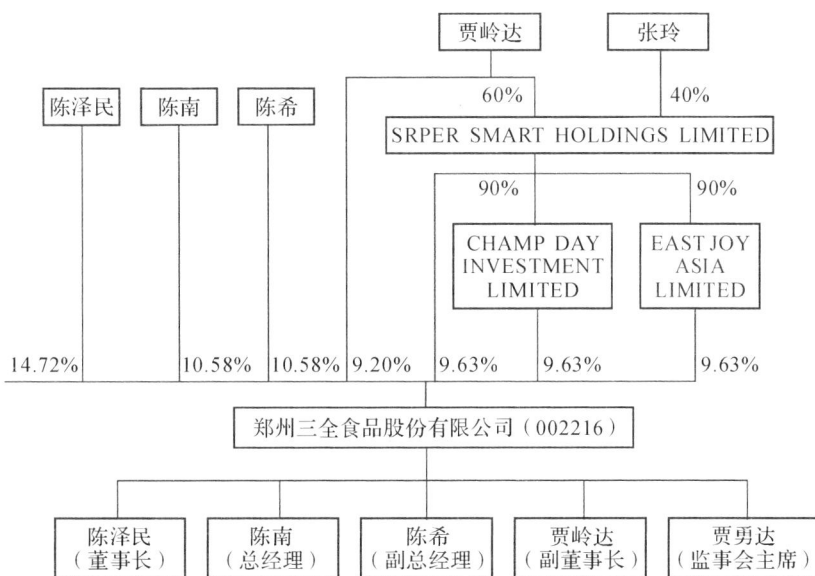

图 4.1　家族成员间的权力配置结构

注：年报中并未披露张玲持有 SRPER SMART HOLDINGS LIMITED 公司 40% 的股份，系作者通过查询相关资料确定。

第二节　家族企业权力配置影响机制

如前所述，企业的权力体系涉及所有权、剩余控制权、特定控制权三个维度。科层的权力掌控在不同的成员手中，由此企业的权力体系就存在一个如何授予的问题，即如何在企业各成员之间进行配置，以此达到降低交易成

---

① 贾勇达在上市公司的持股比例为 0.045%，财报披露的前十大股东中也并未出现贾勇达。

本、提高经营效率的目的。以往对企业的权力配置通常有三类代表性观点：资本强权观，即一个人之所以拥有权力，是因为他掌握了某项资产的所有权，财产所有权是股东获取企业权力的决定因素（Hart et al.，1995）、劳动雇佣资本观（Labor-Managed Firm，LMF）和共同治理观（杨瑞龙，2001）。但上述论断是否适用于家族成员间的权力配置结构？纵观已有的研究，还缺乏相应的理论文献对此进行探讨。

由于"家族"涉入企业，家族企业的权力配置显著区别于非家族企业，且显得更为复杂。最初的研究往往将家族成员视为一个整体，研究焦点集中在企业的所有权及管理权在家族内外的分布状态（储小平，2002），即控制家族与职业经理人之间的委托代理问题。但随着家族企业的成长，越来越多的家族成员进入企业，仅从所有权维度来看，其形态就呈单个所有者到兄弟姐妹联盟再到堂表兄弟联合经营的演变过程（Gersick et al.，1997）。不同的家族成员之间必然存在迥异的利益取舍和战略导向，由此家族内部必然会产生矛盾甚至冲突，而现实生活中不少父子反目、兄弟分裂的事实也恰恰印证了家族不可能由一群目标函数完全一致的成员所组成（Sharma et al.，1997；Bertrand et al.，2008），陈凌等（2020）对李国庆、俞渝之争的研究也说明了这一点。现实的观察使研究者的视角逐渐转向家族内部。Schultz 等（2001，2002，2003）的一系列研究认为：由于存在家庭成员之间的非对称利他行为，以及"所有者控制""所有者管理"现象，家族企业会产生一系列新的代理问题，其有别于传统委托代理理论所论述的控制人与职业经理人之间的冲突，且更为复杂。王明琳和周生春（2006）是国内较早注意到家族内部利他行为对企业绩效影响的学者；魏春燕等（2015）从资产减值的视角切入，研究了家族企业 CEO 更替过程中的利他主义行为；胡宁（2016）对家族企业创一代离任过程中的利他主义行为进行了研究；Kellermanns 等（2007）及 Eddleston 等（2008）的研究注意到了家族内部权力配置结构对企业行为的影响；贺小刚等（2009，2010a，2010b）通过家族内部权力集中度、权力偏离度等一系列指标进一步研究了家族权威及其与企业绩效之间的关系。邓浩等（2016）认为利己主义或者利他主义的人性假设过于极端，并在提出"有限利他主义"的基础上，实证研究了有限利他主义对家族企业创始人制定高管变更决策的影响及其表现形式。虽然上述研究深入了家族内部，并探讨了家族成员间权力配置结构及其对企业绩效的影响，但缺乏对更为源头的问题——权力配置影响机制的理论思考。

家族在组织结构上的表现是亲属网络。在我国古代，用五服制来确定不同亲属之间的关系差别，而其流传到日本后，逐渐形成五等亲制，由此衡量家族成员的亲疏远近及家族成员之间利他行为水平的高低。郭跃进（2002）的研究首次将五等亲制引入家族企业的研究，并据此测算上市公司家族化的水平。但传统五等亲制存在明显缺陷，由于遵从父系原则、男系原则，其中并未包括妻子、女儿等在当代现实生活中关系密切的家族成员，我们会在本章第三节对其进行改良，尝试构造"双系均衡扩展的五等亲模型"（王明琳、徐萌娜，2017）。雷丁（2009）曾指出，华人家族企业本质上是文化的产物，其治理特征体现出了家长主义、人格主义等特征，也体现出了中国传统的家族伦理。李新春（2001）的研究认为，华人企业内部的资源配置通过与身份、地位等差序化的格局来实现。观察我国传统的家族制度可以发现，一个家族成员能从家产中获取的资源与其身份有相当大的关系，如中国的诸子均分制、传男不传女等，体现出了男女有别、内外有别的分配格局，但上述论断并未得到实证检验的支持。对家族企业这类传统而特殊的组织形态而言，所有权、剩余控制权和特定控制权在家族成员之间的分配是否也会呈现出以实际控制人为中心的差序格局？我们认为，一方面，由于华人对企业的控制权偏好将会使所有权和剩余控制权大大集中于控制人及其家族成员之手，并体现出差序格局的特征，即与控制人之间亲缘关系的远近抑或利他行为水平的高低有很大关系，基于以上分析可以得到假设1。

H1：在亲缘利他行为的支配下，越靠近差序格局中心，即与控制人亲缘关系越近的家族成员拥有更多的所有权、更大的剩余控制权，同时担任更为关键的岗位，即权力配置呈现差序格局特征。

另一方面，为了实现企业持续健康成长，必然需要从家族成员中选拔更有能力的人才出任企业的管理岗位，即在特定控制权的分配上，体现出能力取向原则，个人能力可能会在一定程度上强化亲缘利他行为对家族企业权力配置的影响，也就是说，具有高能力的家族成员获得的权力比低能力家族成员和高能力非家族成员两者获得权力的总和还要多一些。基于这一角度分析，可以得到假设 2 和假设 3。

H2：个人能力更强的家族成员出任更为关键的管理岗位。

H3：个人能力水平正向调节利他行为对所有权、剩余控制权及管理权分配的正向影响，即个人能力强化了亲缘利他行为对权力配置的影响。

第三节　数据来源与样本特征

一、数据来源及研究变量

本章以我国"真正"或狭义的家族上市公司中的家族成员作为研究样本，选择具备以下两个条件的上市公司作为狭义家族上市公司：（1）最终的实际控制人可以追溯到某一自然人或家族，并且控制权大于等于 15%；（2）至少有 2 位以上具有亲缘关系（包括血亲或姻亲关系）的家族成员持股或担任上市公司高管（包括董事长、董事或高层经理职务）。值得注意的是，本书不包括实际控制人为单个自然人的民营上市公司，因为其股东、高管团队与实际控制人之间不存在亲缘关系。根据国泰安数据库（CSMAR），收集了 2008 年沪深两市 692 家民营上市公司的股票代码、股票名称等相关信息，同时根据公司招股说明书和年度报告确定家族成员信息，搜寻内容主要包括年度报告中的"股东关联关系或一致行动说明""本公司与实际控制人之间的产权及控制关系方框图""董事、监事和高级管理人员基本情况"；

对未披露高管家族关系的公司，则通过搜索引擎及公开信息网站进行查询，以确定高管成员与实际控制人之间的亲缘关系①。从 692 家民营上市公司中筛选出狭义家族上市公司 187 家，家族成员共计 572 人次。研究变量如表 4.1 所示。

表 4.1　变量说明

变　量	名　称	符　号	变量说明
因变量	个人现金流权	*Cash*	直接持股加间接持股
	个人投票权	*Vote*	以最弱控制链法则测量
	个人管理权等级	*Mana*	根据岗位的重要程度排序
自变量	亲缘分组 1	*Kin*1	实际控制人本人
	亲缘分组 2	*Kin*2	实际控制人的配偶和直系血亲
	亲缘分组 3	*Kin*3	实际控制人的旁系血亲
	亲缘分组 4	*Kin*4	实际控制人血亲的配偶
	亲缘分组 5	*Kin*5	实际控制人配偶的血亲、实际控制人配偶的血亲的配偶
控制变量	个人能力	*Edu*	以个人的受教育年限作为其代理变量
	年龄	*Age*	家族成员的年龄
	性别	*Gender*	家族成员的性别
	上市公司任职时间	*Tenure*	家族成员在该上市公司的任职时间

（一）因变量

我们以家族成员的个人现金流权（*Cash*）测量个人的所有权，以投票权（*Vote*）测量其拥有的剩余控制权，计算方式主要依据 Bertrand 等（2008），并参考了贺小刚、连燕玲（2009）的计算方法。如一家族成员 *i* 直接持股上市公司 A 30% 的股票，同时持股 B 公司 50% 的股票，B 公司再

---

① 如宜华木业（000150）的刘绍喜、刘绍生为兄弟关系，刘绍喜、王少侬为夫妻关系，虽然年报中未做披露，但通过搜索引擎可确定他们的亲属关系。

持股 A 公司 20% 的股票，那么，此家族成员在上市公司 A 中的现金流权为 30%+50%×20%＝40%，投票权为 30%+min（50%，20%）＝50%。对管理权（Mana）的测度则根据家族成员担任职位的关键程度进行分组，形成一个有序分类变量（依次是"无"＝1，"监事会任职"＝2，"董秘或兼任董事"＝3，"副总及兼任他职"＝4，"副董事长及兼任他职"＝5，"总经理及兼任他职"＝6，"董事长及兼任他职"＝7，共7级岗位，重要程度依先后次序递增）。对岗位的排序参照了贺小刚、连燕玲（2009）及郑石桥等（2008）对企业岗位关键程度的研究。

（二）自变量

如第二章所指出的，差序格局的实质是"己"与他人之间在利他行为水平上的差序式分布，在本章中，我们对亲缘关系远近抑或利他行为水平高低的分类综合考虑五等亲制和社会学中对家庭的研究，对传统五等亲分组予以改良，同时将父系和母系亲缘关系纳入差序格局，构建"双系均衡扩展的五等亲模型"来衡量家族成员之间利他行为水平高低。显然，实际控制人自身为第一组（Kin1）。实际控制人的配偶和直系血亲为第二组（Kin2），直系血亲包括父母、子女等。在传统五等亲里，父母、儿子属于一等亲；在社会学的研究中，配偶、子女包含在核心家庭中；在现实生活中，配偶不仅是亲属，而且是在亲属体系中具有核心地位的近亲属，我国的《民法典》也明确规定，夫妻在家庭中地位平等。由此可见，虽然妻子、女儿并未包含在五等亲体系中，但其与控制人的亲缘关系与一等亲基本相当。实际控制人的旁系血亲为第三组（Kin3），包括兄弟姐妹、伯叔姑姨、侄子／外甥等。这些亲属大多对应于五等亲中的二等亲和三等亲。实际控制人血亲的配偶为第四组（Kin4），包括儿媳、女婿、姐夫等。而实际控制人配偶的血亲及其配偶的血亲的配偶则归为第五组（Kin5），这些家族成员包括妻弟等。后两组的亲属关系较控制人更为疏远，大多对应五等亲制中的四等亲和五等亲。结合五等亲制和社会学中对家庭的研究，上述分组能较好地体现家族成员之间利他行为水平高低。对个人的能力水平，我们以受教育程度（*Edu*）作为其代理变量，按通常的处理方法家族成员的受教育程度以教育年限衡量（Barro & Lee，2001；贺小刚等，2010），即：小学为 6 年、初中为 9 年、高中或中专为 12 年、大专为 15 年、大学本科为 16 年、硕士为 19 年、博士为 22 年。

（三）控制变量

除上述变量之外，我们引入家族成员的年龄（*Age*）、家族成员的性别（*Gender*，男性 =1，女性 =0）及家族成员在上市公司的任职时间（*Tenure*）作为控制变量。所有变量的数据来源为公司年度财务报告中"股东关联关系或一致行动说明""本公司与实际控制人之间的产权及控制关系方框图""董事、监事和高级管理人员基本情况"等部分所披露的公开信息。

二、描述性统计

在 187 家狭义家族上市公司中，共有 572 个家族成员，其中有男性家族成员 415 人，占据了家族成员的 72.6%；控制人占 32.69%；控制人的配偶和直系亲属共计 183 人，控制人同其核心家庭成员就占据了所有家族成员的 65%，接近七成。而亲缘关系在第 4 组和第 5 组的成员不超过样本的 15%。从教育水平看，62.3% 的家族成员拥有大专及以上学历[①]。上市公司中家族成员年龄大多集中在 40~59 岁，占样本量的 50.7%。从任职信息来看，572 人次的家族成员中，任职的有 375 人次，占家族成员的 65.6%。从任职情况看，任职监事会主席的家族成员最多，达 129 人次，占 22.6%。任职详情可见表 4.2 中"家族成员任职"一栏。

---

① 研究生学历中包括了 MBA 和 EMBA。

表 4.2　家族成员个人信息描述统计

个体信息		频次	百分比 / %	家族成员任职	频次	百分比 / %
性别	男	415	72.6	董事长、总经理	15	2.6
	女	157	27.4	董事长	21	3.7
亲缘分组	Kin1	187	32.69	总经理、副董事长	22	3.8
	Kin2	183	31.99	总经理、董事、财务总监	1	0.2
	Kin3	126	22.03	总经理、董事	1	0.2
	Kin4	33	5.77	总经理	38	6.6
	Kin5	43	7.52	副董事长、副总经理	9	1.6
教育水平	小学及以下	13	2.3	副董事长	8	1.4
	中学	7	1.2	副总经理、董事、财务总监	75	13.1
	高中及中专	44	7.7	副总经理、董事	1	0.2
	大专	108	18.9	副总经理	1	0.2
	大学本科	115	20.1	董事、财务总监	1	0.2
	硕士及以上	133	23.3	财务总监、董秘	18	3.1
年龄	20~29 岁	20	3.5	董事	6	1.0
	30~39 岁	77	13.5	董秘、副总经理	17	3.0
	40~49 岁	203	35.5	董秘	1	0.2
	50~59 岁	87	15.2	监事会主席	129	22.6
	60 岁及以上	56	9.8	监事	11	1.9

注：教育水平项有 152 项缺失值，占 26.6%；年龄项有 129 项缺失值，占 22.6%。

第四节 实证检验与结果分析

一、家族成员所有权、投票权和管理权的分组对比

如图 4.2 至图 4.4 所示，所有权和投票权在家族成员之间的配置结构基本呈现出以控制人为中心，随着血亲和姻亲关系距离逐层外推，所有权和投票权的均值也逐渐下降的格局，只是在第 4 组和第 5 组之间略有起伏。而管理权的配置则呈现出不同的结构，直观来看，实际控制人本人占据企业中最为关键的岗位，除控制人之外，其余家族成员在管理权上的分配似乎没有非常明显的差异。

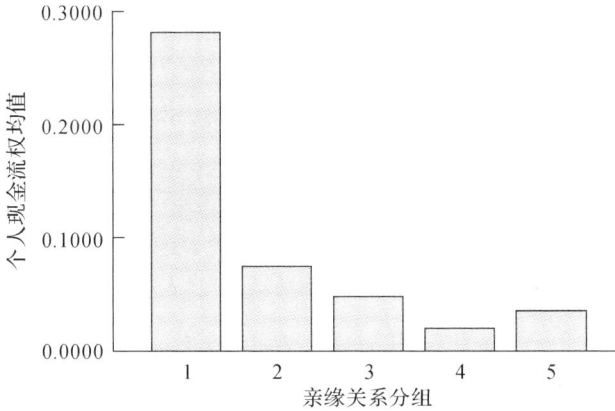

图 4.2 不同亲缘组的个人现金流权均值

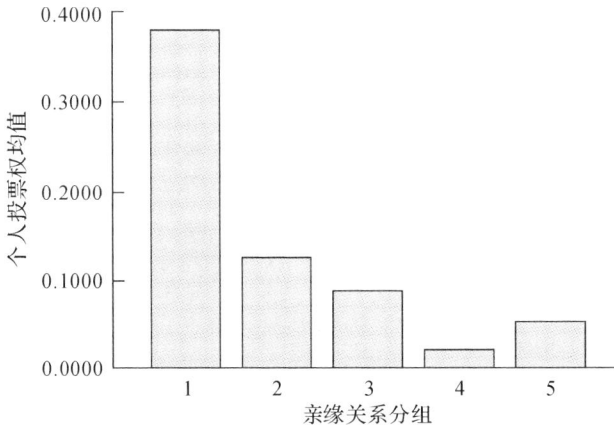

图 4.3 不同亲缘组的个人投票权均值

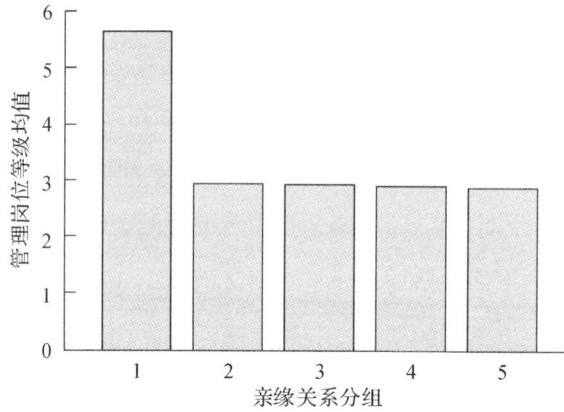

图 4.4　不同亲缘组的个人管理权等级均值

二、回归模型及实证结果

检验的模型包括以下 3 组基准模型，第 1 组是对家族成员的现金流权分配进行检验，第 2 组检验家族成员的投票权，第 3 组则是对家族成员管理权配置结构的回归。

$$
\begin{aligned}
Cash = {} & \beta_0 + \beta_1 Kin2 + \beta_2 Kin3 + \beta_3 Kin4 + \beta_4 Kin5 + \beta_5 Edu \\
& + \beta_6 Kin2 \times Edu + \beta_7 Kin3 \times Edu + \beta_8 Kin4 \times Edu \\
& + \beta_9 Kin5 \times Edu + \beta_{10} Age + \beta_{11} Gender + \beta_{12} Tenure + \varepsilon
\end{aligned}
\tag{1}
$$

$$
\begin{aligned}
Vote = {} & \beta_0 + \beta_1 Kin2 + \beta_2 Kin3 + \beta_3 Kin4 + \beta_4 Kin5 + \beta_5 Edu \\
& + \beta_6 Kin2 \times Edu + \beta_7 Kin3 \times Edu + \beta_8 Kin4 \times Edu \\
& + \beta_9 Kin5 \times Edu + \beta_{10} Age + \beta_{11} Gender + \beta_{12} Tenure + \varepsilon
\end{aligned}
\tag{2}
$$

$$
\begin{aligned}
Logit(Mana_i) = {} & \beta_0 + \beta_1 Kin2 + \beta_2 Kin3 + \beta_3 Kin4 + \beta_4 Kin5 + \beta_5 Edu \\
& + \beta_6 Kin2 \times Edu + \beta_7 Kin3 \times Edu + \beta_8 Kin4 \times Edu \\
& + \beta_9 Kin5 \times Edu + \beta_{10} Age + \beta_{11} Gender + \beta_{12} Tenure + \varepsilon
\end{aligned}
\tag{3}
$$

上述模型中，$Cash$ 表示家族成员的个人现金流权，$Vote$ 表示家族成员的个人投票权。$Mana_i$ 表示管理岗位的等级，共 7 个，依次从最不重要的岗位（"无" =1）到最重要的岗位（"董事长及兼任其他" =7）。由于对管理权分配的检验模型中，因变量为有序分类变量，所以采用累积 Logit 模型。回归结果如表 4.3 所示。

表 4.3　家族成员所有权配置的检验

变量	因变量：个人现金流权（OLS）			
	模型 1	模型 2	模型 3	模型 4
Kin2	−0.2188***		−0.2115***	−0.2062***
	（−15.01）		（−13.74）	（−13.32）
Kin3	−0.2332***		−0.2228***	−0.2266***
	（−15.6）		（−13.73）	（−13.8）
Kin4	−0.2688***		−0.2659***	−0.2595***
	（−10.86）		（−10.18）	（−9.23）
Kin5	−0.2527***		−0.2428***	−0.2342***
	（−10.67）		（−9.63）	（−9.02）
Edu		0.0073***	0.0027	0.0083***
		（3.62）	（1.37）	（3.1）
Kin2×Edu				−0.0069
				（−1.63）
Kin3×Edu				−0.0104***
				（−2.85）
Kin4×Edu				−0.0076
				（−0.79）
Kin5×Edu				−0.0112
				（−1.28）
Age	−0.0009	0.0035***	−0.0006	−0.004
	（−1.56）	（4.72）	（−1.04）	（−0.68）
Gender	−0.0125	0.0401**	−0.0098	−0.0096
	（−0.91）	（2.15）	（−0.66）	（−0.65）
Tenure	0.0016	0.0056**	0.0017	0.0016
	（0.96）	（2.43）	（0.97）	（0.94）
Con	0.333***	−0.1794***	0.3118***	0.2979***
	（10.28）	（−3.41）	（8.87）	（8.44）
Adjust R^2	0.5030	0.0977	0.4912	0.4970
Prof>F	0.0000	0.0000	0.0000	0.0000
N	441	415	415	415

注：括号内为 t 值。*** 代表在 1% 的水平上显著，** 代表在 5% 的水平上显著，* 代表在 10% 的水平上显著。所有模型的基准组是控制人，即 Kin1 组。其中模型 3 和模型 4 为了检验个人的能力是否具有调节作用，对自变量进行了中心化处理。

（一）对家族成员所有权的回归

从表 4.3 模型 1 可以发现，家族成员与控制人之间的亲缘关系，抑或利他行为水平在决定其个人所有权的获得有着极为显著的影响。除了第五组之外，整体上呈现出以控制人为中心，不同亲缘分组家族成员的所有权按照利他行为水平而从高到低分布的差序格局特征，系数绝对值基本呈升序排列，"就好像把一块石头丢在水面上所产生的一圈圈推出去的波纹"，"像是水的波纹一样，一圈圈推出去，越推越远，也愈推愈薄"（费孝通，1947），相应系数均在 1% 的水平上显著。在模型 2 中，个人的能力水平对其所有权的获得也有显著的正向影响，但影响较为微弱，系数仅为 0.0073，但在 1% 的水平上显著。模型 3 和模型 4 是对个人能力是否存在正向的调节效应进行检验，根据温忠麟等（2005），对自变量进行了中心化的处理。由上述两个模型可以发现，模型 4 的 R^2 并未显著地高于模型 3 的 R^2，且模型 4 的交互项仅有一项显著，且相应系数的符号为负，所以在所有权的配置上，个人的能力因素并未起到正向的调节作用，即并未强化利他行为对所有权配置的正向影响。此外，实证研究同时发现，男性家族成员获得的所有权也显著较女性家族成员更多，在上市公司任职时间越长，其获得的现金流权也更大。

（二）对家族成员投票权的回归

与所有权分配类似的是，家族成员的身份距离抑或利他行为水平在决定家族成员投票权的分配上影响依然显著。相应系数的绝对值基本呈递增趋势，同样除了第 5 组之外，整体上呈现出按照利他行为水平高低而逐次分布的差序格局特征。此外，在投票权的分配上，回归系数的绝对值大于在所有权分配中的系数绝对值，这说明在剩余控制权的分配上，所呈现出的差序格局特征更为明显。表 4.4 模型 1 中自变量的系数均在 1% 的水平上显著。在模型 2 中，个人的能力水平在其获得投票权上也有显著的正向影响，并略强于所有权分配中个人能力因素的正向影响。这一系数也在 1% 的水平上显著。模型 3 和模型 4 同样是对个人能力是否存在正向的调节效应进行检验，可以发现，与所有权配置中的结果类似，模型 4 的 R^2 为 0.4893，并未显著高于模型 3 的 0.4805，且模型 4 的交互项中也仅有一项显著，且系数符号为负，所以在家族内部投票权的分配上，个人的能力因素也未起到正向的调节作用，即并未强化利他行为对投票权配置的正向影响。实证研究同时发现，与所有权配置相反的是，男性家族成员的投票权并未显著大于女性家族成员，这可能与更多的女性家族成员通过间接持有上市公司的股份有关。

表 4.4　家族成员投票权配置的检验

变量	因变量：个人投票权（Vote）			
	模型 1	模型 2	模型 3	模型 4
Kin2	−0.2793*** （−14.60）		−0.2748*** （−13.49）	−0.2676*** （−13.10）
Kin3	−0.3013*** （−15.35）		−0.2914*** （−13.57）	−0.2977*** （−13.74）
Kin4	−0.3675*** （−11.31）		−0.3647*** （−10.56）	−0.3566*** （−9.62）
Kin5	−0.3449*** （−11.10）		−0.3344*** （−10.02）	−0.3207*** （−9.37）
Edu		0.0089*** （3.32）	0.0022 （1.07）	0.0110*** （3.10）
Kin2×Edu				−0.0087 （−1.59）
Kin3×Edu				−0.0154*** （−3.20）
Kin4×Edu				−0.0098 （−0.76）
Kin5×Edu				−0.0178 （−1.54）
Age	−0.0007 （−1.00）	0.0050*** （5.13）	−0.0003 （−0.48）	−0.0006 （−0.09）

续表

变量	因变量：个人投票权（*Vote*）			
	模型 1	模型 2	模型 3	模型 4
Gender	−0.0303* （−1.67）	0.0288 （1.17）	−0.0353* （−1.80）	−0.0354* （−1.82）
Tenure	−0.0029 （−1.31）	0.0023 （0.78）	−0.0026 （−1.14）	0.0027 （1.18）
Con	0.4573*** （10.76）	−0.1918*** （−2.75）	0.4416*** （9.49）	0.4213*** （9.05）
Adjust R^2	0.4949	0.0756	0.4805	0.4893
Prof>F	0.0000	0.0000	0.0000	0.0000
N	441	415	415	415

注：括号内为 *t* 值。*** 代表在 1% 的水平上显著，** 代表在 5% 的水平上显著，* 代表在 10% 的水平上显著。所有模型的基准组是控制人，即 *Kin*1 组。其中模型 3 和模型 4 为了检验个人的能力是否具有调节作用，对自变量进行了中心化处理。

（三）对家族成员管理权的回归

如表 4.5 所示，模型 1 对管理权配置进行检验，可以发现其呈现出与所有权和投票权不一致的特征。在所有权和投票权的配置中，个人与控制人之间的血亲和姻亲关系的远近，抑或利他行为水平对其所有权配置的影响基本呈现出差序格局特征，而在管理权的分配中，控制人掌控绝大部分的关键岗位，相较于控制人而言，其余家族成员的岗位分配都相对次要。在管理权的分配中，各组之间的岗位分配并未明显出现以控制人为中心、按照利他行为水平高低分布的差序格局式特征，具体表现为各组系数的绝对值并未呈上升趋势，而是一定程度上起伏不定，模型 3 和模型 4 则显示出相对于所有权和投票权的分配，第 2 组和第 3 组系数之间的差距则大大缩小。

在模型 2 中，个人的能力水平对担任的管理岗位呈现出非常显著的正向影响，且影响较对所有权和投票权的影响更大，上述两个模型中的相应系数都在 1% 的水平上显著。模型 3 和模型 4 同样是检验个人能力是否存在对管理权分配的正向调节效应。通过模型 3 和模型 4 可以发现，个人能力因素在管理权的配置上也没有起到正向的调节作用，也即同样并未强化利他行为对管理权配置的正向影响。另外，实证研究显示，男性家族成员担任了更为关键的岗位，且这一结果十分显著且稳健，每个模型中的相应系数皆为正，并在 1% 的水平上显著。家族成员在上市公司任职的时间越长，其担任的岗位也更加关键。

表 4.5　家族成员管理权配置的检验

变量	因变量：个人管理权等级（累积 Logit 模型）			
	模型 1	模型 2	模型 3	模型 4
$Kin2$	-2.0800^{***} （-7.51）		-2.0013^{***} （-6.93）	-1.9867^{***} （-6.83）
$Kin3$	-2.0736^{***} （-7.58）		-2.0695^{***} （-7.12）	-2.0842^{***} （-7.07）
$Kin4$	-2.5400^{***} （-5.97）		-2.5743^{***} （-5.74）	-2.6547^{***} （-5.58）
$Kin5$	-2.1332^{***} （-5.46）		-2.2335^{***} （-5.38）	-2.1300^{***} （-4.99）
Edu		0.0664^{***} （2.66）	0.0334 （1.26）	0.0613 （1.02）
$Kin2 \times Edu$				-0.0127 （-0.17）
$Kin3 \times Edu$				-0.0428 （-0.61）
$Kin4 \times Edu$				0.0534 （0.35）
$Kin5 \times Edu$				-0.1365 （-1.00）

续表

变量	因变量：个人管理权等级（累积 Logit 模型）			
	模型 1	模型 2	模型 3	模型 4
Age	−0.0178** （−1.81）	0.0210** （2.18）	−0.0108 （−1.03）	−0.0101 （−0.96）
Gender	0.8429*** （3.71）	1.0304*** （4.58）	0.7457*** （3.13）	0.7538*** （3.15）
Tenure	0.2945*** （7.60）	0.2842*** （7.37）	0.2813*** （6.94）	0.2866*** （6.98）
Con	—	—	—	—
Pseudo R²	0.1354	0.0782	0.1344	0.1335
Prof>Chi²	0.0000	0.0000	0.0000	0.0000
N	441	415	415	415

注：括号内为 Z 值。***代表在 1% 的水平上显著，**代表在 5% 的水平上显著，*代表在 10% 的水平上显著。限于篇幅，各模型的 6 个截距项未报告。所有模型的基准组是控制人，即 *Kin*1 组。其中模型 3 和模型 4 为了检验个人的能力是否具有调节作用，对自变量进行了中心化处理。

三、稳健性讨论

从上面的分析可以发现，在所有权和投票权的配置上，家族成员与控制人的亲缘关系，即利他行为水平高低起到了决定性的作用，所有权和投票权在家族成员中的分配呈现出以实际控制人为中心、按照利他行为水平从高到低分布的差序格局特征，这一特征在投票权的分配上体现得更为明显。而在管理权的分配上，并没有体现出明显的差序格局分配特征，而是控制人一人掌控绝大多数的核心关键岗位，但家族成员的个人能力在管理权分配的作用上要强于对所有权和投票权的影响。总体而言，在所有权和投票权的分配上，家族成员与控制人的亲缘关系即亲缘利他行为水平的作用显著；在管理权的分配上，个人能力的正向影响更大，但个人能力并未对利他行为在整个权力配置体系中的影响起到明显的正向调节作用，即整体上并没有强化亲情法则在权力配置中的效力。由此，假设1和假设2得到验证，假设3没有得到验证。

本章的稳健性检验如下：将187家狭义家族上市公司根据上市方式的不同分为两组，分别对直接上市的147家狭义家族上市公司的456位家族成员和间接上市的40家狭义家族上市公司的116位家族成员进行分组回归（相应的回归结果详见表4.6、表4.7和表4.8）。进行这样分组检验的原因是，通过招股说明书等公开信息可以发现，上市前在企业中任职的大多家族成员也在上市公司中持股或者担任管理岗位；通过借壳等方式间接上市的企业中，家族成员并非上市公司的最初创业者，而是在借壳之后再安排家族内部的股权分配和岗位委任。通过对比这两组上市方式迥异的家族公司，可更加深入地分析家族上市公司中的权力配置。通过对分组回归结果的分析可以发现，对直接上市和间接上市的家族企业而言，所有权和投票权的配置总体上仍按照利他行为水平的高低呈现出差序格局分配特征，个人的能力水平在直接上市公司中投票权的分配上影响显著，且系数达到了0.1，显著大于总体回归的相应系数。但在间接上市的家族公司中，个人的能力水平影响方向虽然为正，但并不显著。在管理权的分配上，直接上市的家族企业仍然是控制人独揽大权，间接上市的家族企业此特征并不明显，也未呈现差序格局式的分配结构。此外，个人的能力对利他行为在整个权力配置体系中的影响并未起到显著正向调节作用。总体而言，分组样本回归的主要结论与整体样本回归的结果有一定差异，但总体上基本吻合。

进一步将亲缘分组划分为核心家庭成员、近亲家庭成员、远亲家庭成员进行检验，前述研究结论不变。此外，对教育水平进行分组进入回归方程（按表4.2，教育水平分为6组），结论基本不变。同时本书还对572位家族成员担任的19个管理岗位代替管理权的7个等级分组进行回归，前述研究结论仍旧稳健。由于家族成员与控制人之间的亲缘关系是外生决定，所以模型并不存在反向因果关系，可以排除由此而产生的模型内生性问题。

表 4.6　对家族成员所有权的分组检验

变量	因变量：个人现金流权（OLS）							
	直接上市				间接上市			
	模型 1	模型 2	模型 3	模型 4	模型 5	模型 6	模型 7	模型 8
Kin2	-0.222***		-0.215***	-0.210***	-0.215***		-0.204***	-0.189***
	(-13.43)		(-12.41)	(-12.1)	(-6.84)		(-5.87)	(-5.34)
Kin3	-0.248***		-0.238***	-0.244***	-0.192***		-0.180***	-0.172***
	(-14.05)		(-12.3)	(-12.31)	(-7.08)		(-6.33)	(-5.98)
Kin4	-0.276***		-0.273***	-0.268***	-0.244***		-0.243***	-0.231***
	(-9.89)		(9.15)	(-8.61)	(-4.64)		(-4.66)	(-2.84)
Kin5	-0.258***		-0.246***	-0.242***	-0.222***		-0.223***	-0.199***
	(-9.3)		(-8.15)	(-7.87)	(-4.72)		(-4.77)	(-4.00)
Edu		0.008***	0.002	0.007**		0.004	0.001	0.013**
		(3.46)	(1.13)	(2.49)		(1.24)	(0.63)	(2.15)
Kin2 × Edu				-0.007				-0.010
				(-1.48)				(-1.26)
Kin3 × Edu				-0.009**				-0.016**
				(-2.26)				(-2.14)
Kin4 × Edu				-0.007				-0.010
				(-0.67)				(-0.37)
Kin5 × Edu				-0.006				-0.020
				(-0.55)				(-1.53)
Age	-0.001**	0.003***	-0.0008	-0.0007	-0.0002	0.005***	0.0001	0.0007
	(-1.83)	(3.85)	(-1.26)	(-1.06)	(-0.20)	(3.14)	(0.07)	(0.53)
Gender	-0.019	0.035*	-0.021	-0.020	0.007	0.058*	0.024	0.015
	(-1.23)	(2.15)	(-1.23)	(-1.18)	(0.26)	(1.67)	(0.85)	(0.51)
Tenure	0.001	0.005**	0.001	0.001	-0.005	-0.004	-0.004	-0.003
	(0.63)	(2.18)	(0.6)	(0.53)	(-0.87)	(-0.51)	(-0.67)	(-0.46)
Con	0.360***	-0.172***	0.343***	0.334***	0.267***	-0.220**	0.227***	0.190**
	(9.74)	(-3.41)	(8.58)	(8.32)	(3.82)	(-2.22)	(2.86)	(2.35)
Adjust R^2	0.5131	0.0869	0.4874	0.5087	0.5040	0.1269	0.5078	0.5150
Prof>F	0.0000	0.0000	0.0000	0.0000	0.0000	0.0038	0.0000	0.0000
N	345	326	326	326	96	89	89	89

注：括号内为 t 值。*** 代表在 1% 的水平上显著，** 代表在 5% 的水平上显著，* 代表在 10% 的水平上显著。所有模型的基准组是控制人，即 Kin1 组。其中模型 3 和模型 4 为了检验个人的能力是否具有调节作用，对自变量进行了中心化处理。

表 4.7 对家族成员投票权的分组检验

变量	因变量：个人投票权（Vote）							
	直接上市				间接上市			
	模型 1	模型 2	模型 3	模型 4	模型 5	模型 6	模型 7	模型 8
Kin2	−0.280***		−0.276***	−0.270***	−0.279***		−0.269***	−0.253***
	(−13.61)		(−12.75)	(−12.45)	(−5.40)		(−4.35)	(−4.18)
Kin3	−0.317***		−0.308***	−0.318***	−0.258***		−0.246***	−0.236***
	(−14.40)		(−12.72)	(−12.84)	(−5.78)		(−5.04)	(−4.80)
Kin4	−0.369***		−0.367***	−0.360***	−0.360***		−0.356***	−0.349**
	(−10.58)		(−9.81)	(−9.27)	(−4.16)		(−3.98)	(−2.51)
Kin5	−0.352***		−0.341***	−0.337***	−0.312***		−0.311***	−0.257***
	(−10.15)		(−9.03)	(−8.78)	(−4.02)		(−3.88)	(−3.02)
Edu		0.010***	0.002	0.009***		0.005	0.001	0.019**
		(3.24)	(0.86)	(2.60)		(0.94)	(0.35)	(1.72)
Kin2 × Edu				−0.010*				−0.009
				(−1.67)				(−0.68)
Kin3 × Edu				−0.014***				−0.024*
				(−2.68)				(−1.90)
Kin4 × Edu				−0.009				−0.010
				(−0.72)				(−0.21)
Kin5 × Edu				−0.006				−0.043*
				(−0.46)				(−1.87)
Age	−0.0008	0.004***	−0.0005	−0.0003	−0.0005	0.006**	−0.0001	0.0008
	(−1.04)	(4.50)	(−0.59)	(−0.35)	(−0.30)	(2.56)	(−0.08)	(0.34)
Gender	−0.033*	0.032	−0.041*	−0.040*	−0.022	0.023	−0.016	−0.038
	(−1.69)	(1.15)	(−1.92)	(−1.87)	(−0.51)	(0.43)	(−0.34)	(−0.75)
Tenure	−0.002	0.003	−0.002	−0.002	−0.007	−0.005	−0.005	−0.003
	(−1.04)	(0.99)	(−1.00)	(−1.09)	(−0.69)	(−0.47)	(−0.50)	(−0.27)
Con	0.463***	−0.205***	0.454***	0.440***	0.449***	−0.172	0.414***	0.362**
	(10.06)	(−2.60)	(9.05)	(8.78)	(3.90)	(−1.11)	(3.04)	(2.62)
Adjust R^2	0.5186	0.0775	0.5042	0.5099	0.3842	0.0874	0.3563	0.3706
Prof>F	0.0000	0.0000	0.0000	0.0000	0.0000	0.1003	0.0000	0.0000
N	345	326	326	326	96	89	89	89

注：括号内为 t 值。***代表在 1% 的水平上显著，**代表在 5% 的水平上显著，*代表在 10% 的水平上显著。所有模型的基准组是控制人，即 Kin1 组。其中模型 3 和模型 4 为了检验个人的能力是否具有调节作用，对自变量进行了中心化处理。

表 4.8 对家族成员管理权的分组检验

变量	因变量：个人管理权等级（累积 Logit 模型）							
	直接上市				间接上市			
	模型 1	模型 2	模型 3	模型 4	模型 5	模型 6	模型 7	模型 8
Kin2	-2.562***		-2.386***	-2.381***	-0.808			-0.690
	(-7.96)		(-7.22)	(-7.18)	(-1.24)			(-0.93)
Kin3	-2.592***		-2.414***	-2.451***	-0.984**			-1.303**
	(-7.87)		(-6.96)	(-6.92)	(-1.84)			(-2.16)
Kin4	-2.283***		-2.196***	-2.243***	-1.098			-0.428
	(-6.79)		(-6.30)	(-6.21)	(-1.07)			(-0.33)
Kin5	-2.668***		-2.670***	-2.646***	-3.173**			-1.471
	(-5.85)		(-5.48)	(-5.30)	(-2.53)			(-1.32)
Edu		0.100***	0.062**	0.076		-0.022	-0.047	-0.019
		(3.40)	(1.97)	(1.16)		(-0.48)	(-0.98)	(-0.13)
Kin2 × Edu				-0.0003			-0.879	0.065
				(-0.01)			(-1.24)	(0.39)
Kin3 × Edu				-0.034			-1.245**	-0.054
				(-0.43)			(-2.19)	(-0.34)
Kin4 × Edu				0.050			-1.190	-0.498
				(0.31)			(-1.18)	(-1.03)
Kin5 × Edu				-0.042			-3.162***	-1.066***
				(-0.25)			(-2.60)	(-2.97)
Age	-0.012	0.031***	-0.003	-0.003	-0.028	-0.007	-0.029	-0.010
	(-1.10)	(2.93)	(-0.34)	(-0.30)	(-1.09)	(-0.31)	(-1.05)	(-0.34)
Gender	1.003***	1.251***	0.889***	0.894***	0.645	0.593	0.717	0.685
	(3.90)	(4.86)	(3.27)	(3.28)	(1.20)	(1.22)	(1.25)	(1.12)
Tenure	0.237***	0.234***	0.234***	0.235***	1.281***	1.044***	1.204***	1.588***
	(5.98)	(5.98)	(5.60)	(5.60)	(5.73)	(5.01)	(5.32)	(5.76)
Con	—	—	—	—	—	—	—	—
Pseudo R²	0.1612	0.0832	0.1593	0.15985	0.1950	0.1446	0.1772	0.2125
Prof>Chi²	0.0000	0.0000	0.0000	0.0000	0.0000	0.0000	0.0000	0.0000
N	345	326	326	326	96	89	89	89

注：括号内为 Z 值。*** 代表在 1% 的水平上显著，** 代表在 5% 的水平上显著，* 代表在 10% 的水平上显著。限于篇幅，各模型的六个截距项未报告。所有模型的基准组是控制人，即 *Kin1* 组。其中模型 3 和模型 4 为了检验个人的能力是否具有调节作用，对自变量进行了中心化处理。

上述研究结论也可从现实中得到印证。以宗申集团为例，左宗申以现金和实物补偿的方式收回了其胞弟左宗庆手中所持的原集团公司 3% 的股份。而在左宗庆退出宗申集团之后，也由此引发了左宗申对家族内部成员股权的清退。同样是在这期间，左宗申仍然是通过现金和实物补偿的方式陆续将其妻袁德秀的两位兄弟袁德山、袁德荣中所持集团公司的股份购回。这样在将家族成员手中所持股份陆续回购之后，左宗申强化了自己和直系亲属在集团内部的所有权和投票权，弱化了近亲和远亲家族成员的所有权和投票权，差序格局的权力配置格局更为明显。而在管理权的安排上，左宗申一人独揽宗申集团的大权，其配偶袁德秀并未在企业任职，而其独女左颖也仅作为子公司或分公司的家族经理人员参与企业的经营。

第五节　本章小结

现有文献大多聚焦在家族内部的权力配置与企业绩效、企业价值之间的关系上，但是对影响权力配置结构的因素关注较少，尤其是基本没有涉及差序格局等本土传统非正式制度对企业权力配置的影响。并且，现有文献对家族企业治理结构中权力分配的研究基本还停留在现象描述上，并未予以较大样本的实证检验。

沿着第二、三章对差序格局及利他行为的论述，本章将研究触角深入家族内部，通过构造双系均衡扩展的五等亲模型，探讨了亲缘利他行为及个人能力水平等因素对家族成员内部权力配置的影响，研究了差序格局人际关系模式对不同类型权力配置的影响及其表现。研究主要发现以下结论：第一，实际控制人与家族成员之间的血亲和姻亲关系的远近，抑或利他行为水平高低在所有权和投票权的配置上具有显著的影响，亲情法则在权力配置中的作用显露无遗。第二，在投票权的配置结构中，按照利他行为水平的高低呈现出的差序格局分配特征更为明显。第三，家族企业中管理权的分配并未呈现出类似差序格局特征，而是由实际控制人一人独揽大权，也支持了日常观念中家族企业普遍存在的"一言堂"现象。第四，个人能力因素在管理权配置中的影响大于在所有权和投票权配置中的影响，但对利他行为在整个权力配置体系中的作用而言，不存在正向显著的调节效应，即没有强化亲情法则在整体权力配置中的效力，体现出相对公平的能力取向原则。

因此，整体上而言，实际控制人与家族成员之间利他行为，即涵盖血亲和姻亲关系的亲情法则会影响家族企业治理结构中的权力分配，但是对不同类型权力配置的影响程度是不同的。利他行为在企业所有权和投票权的分配中起了显著作用，使这两类权力在家族成员中的分配呈现明显的差序格局特征。或者说，人际关系的差序格局映射到了公司治理结构之中，产生了权力分配的差序格局。但是，在管理权的分配上，个人能力而非亲缘关系的远近在发生作用，体现了家族成员中"任人唯贤"的一面。

第五章　差序格局、利他行为与上市家族企业的代理成本

委托代理问题是公司治理领域的核心问题，委托代理成本的高低是直接衡量企业治理绩效的一个重要指标，相应地，委托代理理论也构成了公司治理研究的主要研究方法。典型意义上股权分散、两权分离的公众公司面临的最大代理问题是分散的社会股东与职业经理人之间的代理冲突（Jensen & Meckling，1976），相形之下，家族企业的最大治理特征是背后存在一个控制性家族，并任用内部家族成员担任董事和经理人等，因此，除了面临业主与职业经理人之间的代理问题之外，家族企业还面临着业主与家族成员之间的代理问题，这一问题在最近的 10 余年来才逐渐引起学者和人们的关注。

从经济学而言，差序格局是一种资源配置方式，可以视为"己"与他人之间在利他行为水平上的差序式分布，这意味着在实证研究中，对差序格局的度量很大程度上可以归结为对利他行为的度量问题。本章将研究对象继续锁定为"真正"或狭义的家族上市公司。在已有关于家族企业利他行为的研究（苏启林等，2003；王明琳等，2006，2010；邓浩等，2016）中，大都仅仅测度了业主与不同家族成员之间利他行为的水平或数量特征，没有关注到业主与多个具有不同亲缘关系的家族成员之间呈现差序格局的利他行为结构特征，导致利他行为的结构特征往往被水平或数量特征所掩盖。本章在本土社会学领域"差序格局"概念的指引下（费孝通，1947），进一步量化了利他行为的结构特征，从而首次同时对利他行为的水平特征和结构特征对代理

成本的影响进行了实证研究，在此基础上，进一步检验了利他行为的水平与结构之间的交互效应。为了更好地度量家族成员之间的亲缘利他行为，本章开创性地引入演化生物学领域的汉密尔顿亲缘系数，并在虑及当前中国家庭结构和家族成员关系情况下进行了改良，从而将利他行为的度量推进到更为精准的程度。因此，本章是一次对经济学、演化生物学及本土社会学领域跨学科交叉研究的有益尝试。社会学提供了概念引领，经济学提供了研究方法，演化生物学则提供了核心变量度量的依据。

第一节　已有研究的局限

自 20 世纪 60 年代末以来，委托代理理论获得了令人瞩目的发展，已成为现代公司治理领域的主流理论之一。该理论假设委托人和代理人都是追求自身利益最大化的经济人，彼此之间利益具有天然的不一致性，由于企业所有权和经营权的分离及其由此引致的信息不对称，具有相对信息优势的经理人（代理人）会采取一系列机会主义行为，不惜损害所有者（委托人）的利益来获取自身利益最大化，由此带来一系列代理成本，企业必须建立一整套激励约束机制来使代理成本最小化。委托代理理论兴起的背景是传统"企业家的企业"演化为现代"经理人的企业"的历史进程，即由于实现大规模生产的工业技术的应用及企业规模的扩大，导致财富的所有权没有相应的控制权，财富控制权没有相应的所有权（Berle & Means，1932）。然而近年来的研究发现，由家族控制和管理的"家族式治理"而非英美国家的"职业经理人治理"依然构成了当前大部分国家和地区公司治理的主要模式，通过家族成员持股、担任高管等途径，家族不仅决定了公司的长远政策而且支配着高层的经营管理（Faccio，2002；Barontini et al.，2005）。

Chua 等（2009）把这些企业称之为"专业化"家族企业，其介于原始家族企业和"经理式企业"之间，显著特征是同时雇用了两类经理人——与控制者具有亲缘关系的家族经理人和没有亲缘关系的职业经理人，形成了"混合治理"（李新春，2003）。因此，这类企业中代理关系分成了两类，分别是控制者与职业经理人及家族经理人之间的代理关系，后一类的根本特征是由于利他行为嵌入了代理关系，委托人和代理人的效用函数单独或者同时发生了改变，即自身的效用在不同程度上取决于对方的效用。并且，与西方家族企业相比，中国家族企业对职业经理人普遍缺乏信任，更倾向于聘用具有亲缘关系的家族成员（赵宜一等，2015）。较早的研究认为多个家族成员组成管理团队时可以像一个人那样行事，在最大程度上降低代理成本（Daily & Dollinger，1992；贺小刚等，2009，2010）。Chami（2001）首次将利他行为引入了规范的委托代理模型，发现无论是委托人还是代理人的行为选择都会偏离主流代理理论所描述的均衡状态。Schulze 等（2000，2001，2003）的富有开创性的研究表明，业主的利他行为会诱导家族经理人产生逆向选择、偷懒、搭便车和敲竹杠等一系列机会主义行为，当利他行为与"所有者控制"和"所有者管理"交织在一起时，会导致家族企业中的代理问题恶化。Lubatkin 等（2005，2007）则指出，家族企业中利他行为对代理关系的影响具有不确定性，取决于业主的自我控制能力，即所谓"个人自身的代理问题"（Thaler et al.，1981），如果能够对这一类特殊的代理问题建立行之有效的治理机制，家族经理人的代理成本要低于职业经理人。国内学者中苏启林和朱文（2003）最早对利他行为对企业绩效的影响进行了实证研究，发现家族经理人的代理效率随着企业成长而发生变化，在企业初始阶段任用家族经理人有助于提升企业价值，在企业成熟阶段则相反。王明琳和周生春（2006）发现，不同类型家族中利他行为对企业价值的影响并不相同，创业型家族中的利他行为显著降低了企业价值；而非创业型家族中的利他行为与企业价值并不存在显著关系。贺小刚等（2009，2010）认为不同亲缘关系的利他行为水平和信任水平会存在差异，对企业绩效的影响也不尽相同，研究发现核心家庭关系提升了企业绩效，近亲家庭关系则降低了企业绩效，而远亲家庭关系对企业绩效的影响则不确定。

虽然已有文献取得了令人瞩目的成果，但仍存在诸多改进余地：

其一，由于在西方学者眼中，"家"是一个人员固定、边界清晰的封闭组织，大多数学者特别是西方学者（Chami，2001；Schulze et al.，2000，2001，2003）的研究局限于核心家庭中的利他行为，尤其是父母对子女的利他行为，对业主与非核心家庭成员之间利他行为对代理成本的影响则缺乏关注。其直接后果是，已有研究往往偏重于研究业主对单个家族经理人，尤其是核心家族经理人利他行为的水平或数量，忽视了存在多个不同亲缘关系家族成员情况下利他行为的结构特征或分布状态，造成家族企业内部利他行为这一"差序格局"特征往往被水平或数量特征所掩盖。一般而言，亲缘关系越接近的家族成员内部的利他行为水平越高（杨春学，2001），但家族内部的利他行为可能来自少数几个核心家庭成员，也可能来自多个远亲家族成员，或数量不一地同时包含不同类别家庭成员的组合，这就导致了家族企业内部利他行为在总体水平相同的前提下可能具有不同的内在结构，而已有案例研究已发现不同结构的利他行为对代理成本可能产生不一样的影响（Karra et al.，2006）。

其二，学者们仍然没有找到一个准确度量利他行为的理想方法。由于家庭成员之间利他行为主要建立在亲缘关系基础上，苏启林和朱文（2003）、王明琳和周生春（2006）皆采用家族高管人数占高管总人数的比例来度量企业中利他行为水平，但这一方法没有区分出业主与不同家族成员之间的亲缘关系类型和远近，因而无法准确测度利他行为水平。贺小刚等（2010）的研究往前推进了一步，将控制性家族区分为五类，即乏亲缘关系、核心家庭关系、近亲家庭关系、远亲家庭关系和复合型亲缘关系，不同类型具有不同水平的利他行为，但由于采用的是虚拟变量，虽然能够相对准确地甄别业主与某一类家族成员之间的利他行为水平，但难以有效度量家族内部利他行为总体水平。由于企业中家族成员的数量多寡不一，利他行为总体水平通常也会随之发生变化。此外，复合型家庭则可能是前几种家庭关系的任一组合，采用虚拟变量无法衡量业主与不同类别家族成员之间利他行为的水平，也难以测度家族内部利他行为的总体水平。

其三，虽然学者已意识到利他行为对代理成本的影响会随企业成长而发生变化，但除了苏启林和朱文（2003）之外并没有出现其他系统研究；同时，除了家族企业的内部组织环境，包括市场化程度、法律保护水平在内的外部制度环境也会对利他行为与代理成本的关系施加影响，但鲜有文献把这一问题纳入实证研究。

本章的贡献主要集中体现在以下几个方面：第一，在本土社会学"差序格局"这一概念的指引下（费孝通，1947），我们进一步量化了利他行为的结构特征，从而首次对利他行为的结构对代理成本的影响进行了实证研究，并在此基础上，进一步检验了利他行为的水平与结构之间的交互效应。第二，采用改良的演化生物学汉密尔顿亲缘系数来度量业主与家族成员之间利他行为的水平或数量。由于业主对家族经理人的利他行为水平无法直接观察，我们首次引入演化生物学领域的汉密尔顿亲缘系数，并在虑及当前中国家庭结构和家族成员关系的情况下进行了改良，从而将利他行为的实证分析从定性推进至定量层面。第三，从家族企业内部成长阶段和外部制度环境两个层面检验了利他行为对代理成本的动态影响。本章不仅试图通过引入利他行为的主流委托代理分析框架来研究业主与家族经理人之间的代理关系，同时也是一次对经济学、演化生物学及本土社会学领域跨学科交叉研究的有益尝试。

第二节　理论分析与假设提出

一、利他行为水平与代理成本

在第三章，我们对家庭及家族企业中的利他行为进行了分析。Becker（1974）首先将利他行为引入主流委托代理理论的分析框架，其著名的"宠儿定理"表明，如果户主对家庭成员具有足够水平的利他行为，那么每一个受益的家庭成员无论如何自私自利，都会像关爱自己一样关爱户主和其他家庭成员，不会出现以牺牲其他成员利益来换取自身利益的情况。换言之，户主并不需要精心设计的激励约束机制，就能实现家庭成员之间"外部效应的内部化"，自动消除家庭成员的一系列机会主义行为。Becker（1981）认为，虽然利他行为在市场中没有什么效率，但在家庭组织中是普遍有效的。家族成员会自然而然地把利他行为从家族带入企业，甚至直接把企业视为家族的一部分。一系列研究都表明利他行为会对代理关系产生积极效应，例如Ward（1987）指出，利他行为有助于培养家族经理人对业主的忠诚与信任，协调家族经理人之间的风险偏好，促使其对家族和企业的长期发展目标做出承诺，而不像职业经理人那样偏好于短期目标。Stark 等（1995，1998）发现，即使某些家族成员在"法律上"不拥有企业的所有权，利他行为也会促使每个家族成员认为自己是企业"事实上"的所有者，都会怀着拥有家族资产剩余索取权的信念尽心尽职地行事。Davis 等（1997）进一步认为，如果家族成员内部的利他行为水平高到一定水平，这一类代理关系就不适用于主流代理理论，而适用于"管家理论"，即家族经理人会像业主那样对企业任劳任怨，如果这一条件成立，那么一切外部物质上的激励约束机制都是多余的；Villalonga 和 Amit（2006）的实证研究甚至假设在利他行为的作用下，家族企业中业主和家族经理人之间的代理成本为零。古志辉等（2014）、Lucrezia 等（2015）的实证研究皆发现，家族成员之间的亲缘利他行为降低了企业的代理成本。20 世纪八九十年代中国家族企业的创业发展史似乎淋漓尽致地诠释了上述观点，借助家族成员内部的利他行为，改革开放之初的中国创业者以低成本整合各种生产要素，在恶劣的外部体制和市场环境下顽强地成长，即使在企业面临困难甚至陷入危机时，家族成员也理所当然地同甘共苦、不离不弃，自始至终与企业共渡难关。

但是，一些学者认为主流代理理论的观点可能过于乐观了，利他行为也有可能带来一系列额外的代理问题：第一，利他偏好导致业主很难客观地评判家族经理人的能力水平和努力程度（Chua et al.，2009），也不愿意对家族经理人采取基于工作绩效的薪酬制度，或者即使制定了相关制度，也很难真正付诸实施，很容易造成能力和努力程度相同甚至更低的家族经理人获得比职业经理人更高的薪酬水平，即所获得的收入远高于其边际产出，这实际上是业主使用企业资源对家族成员进行的无条件转移支付。第二，利他行为会导致家族企业发生 Buchanan（1975）所谓的"乐善好施困境"（"撒玛利亚人困境"）（Berk，1983）。业主即使明知家族经理人的努力程度低于职业经理人，也会向其支付相对更高的薪酬，而家族经理人并不会为此提高努力程度，反而觉得这是理所当然的，原因在于业主给予高薪酬并不仅仅旨在提高家族经理人的效用水平，至少是部分地为了提高自身总效用水平。如果业主持续沉迷于这种无节制利他行为带来的"坏"效用，就会产生所谓"自我控制问题"（Lubatkin et al.，2005，2007）。对家族经理人而言，既然消极怠工也能够获得高于职业经理人的薪酬水平，那么业主的利他行为事实上起到了逆向激励作用，鼓励了他们偷懒、搭便车等机会主义行为（王明琳等，2011）。第三，利他行为可能产生家族企业中委托代理关系的"套牢"效应。利他偏好将家族成员的效用和业主自身的效用捆绑在一起，由于担心解雇家族经理人会损害到自身效用及整个家庭的总效用水平，业主不愿解雇低能力、低努力程度的家族经理人，尤其是近亲家族成员；而家族经理人退出企业要承担巨大的损失，包括丧失稳定的职位、优厚的薪酬乃至未来可能的继承权，往往会不愿意甚至以各种方式拒绝退出企业，最终导致业主与低素质家族成员之间的"双向锁定"困境（Schulze et al.，2000，2001，2003）。第四，利他行为诱导以非正式的家族承诺或共识代替正式的契约式谈判，虽然降低了事前交易成本，但同时也增加了部分家庭成员事后实施机会主义行为的风险（刘东辉，2019），非正式的家庭共识或承诺获得法律救济的难度往往很大。

上述论述意味着由于利他行为嵌入业主与家族经理人之间的代理关系，那些针对职业经理人制定的且行之有效的激励约束机制都几乎失效了，利他行为不仅不能消除代理问题，反而导致了代理问题的恶化，利他行为的水平越高所引致的代理成本就越大。这似乎印证了 Bernheim 等（1988）的观点，现实中的利他行为是一种"反生产性"力量，"实际上会使每个人的处境变坏"。根据以上关于利他行为水平的论述得到假设 1。

H1a：利他行为水平与代理成本呈反比。

H1b：利他行为水平与代理成本呈正比。

二、差序格局与代理成本

尽管没有明确说明，但不难发现上述文献大都局限于业主对单一家族经理人（或某一类家族经理人）的利他行为，因而实际上仅仅研究了利他行为的水平对代理成本的影响，没有注意到利他行为的结构问题。例如，Schulze 等（2000，2001，2003）专注于核心家庭成员内部的利他行为，尤其是作为业主的父母对作为经理人的子女的利他行为[①]，如若存在两个以上的子女担任经理人，业主对其中任一子女的利他水平几乎不存在差别，所谓"手心手背都是肉"。因此，在核心家庭中的利他行为可以视为一种"单序"结构或"同序"结构，也就不存在对利他行为的结构特征进行研究的必要性。然而，典型的家族企业是多位具有亲缘关系的家族成员共同控制并参与管理的企业（Lansberg，1999）。一般而言，家族企业会依次经过三个循环反复的阶段，即一位所有者所有且控制阶段、兄弟姐妹合伙阶段、堂兄弟姐妹联营阶段（Gersick et al.，1997）。因此，随着企业规模的扩大及所有权、控制权在代际间传递，企业中工作的家族成员不仅在数量上增加，在亲缘关系上也可能更为复杂，除了近亲家庭成员之外，各种远亲家族成员亦可能进入企业。

上述情况在具有浓厚家族传统文化的华人家族企业中表现得更为明显（郑伯埙，1995），典型的华人家族企业会形成一个以实际控制者即业主为

---

① Schulze 等（2000，2001，2003）的理论直接来自 Becker 等（1974，1981）的家庭经济学文献，这类文献的研究对象锁定于父母与子女之间的代际利他行为，不涉及核心家庭以外的利他行为。

中心，其余家族成员按照与业主亲缘关系的远近逐圈分布的差序式同心圆结构，处于内圈的是核心家族成员，处在外圈的是远亲家族成员。显然，利他行为不仅仅发生在核心家庭成员内部，也会扩展至近亲乃至远亲家族成员之间，此时，利他行为不再是同序结构，而是表现为一种差序格局[①]。这一术语最早由社会学家费孝通（1947）提出，其后成为概括中国传统乡土社会结构和人际关系的经典概念。中国传统社会格局是"以'己'为中心，像石子一般投入水中，和别人所联系成的社会关系……像水的波纹一般，一圈圈推出去，愈推愈远，也愈推愈薄"，而形成和推动这一圈圈波纹的石头中最主要的一块就是"亲子和同胞"等亲属关系（费孝通，1947）。正如在本书第二章就指出的，差序格局不仅仅是一种社会关系结构，同时在经济上还是一种家庭资源最主要的分配路径（孙立平，1996；李新春，2002；冯仕政，2008；王明琳等，2017），与市场机制截然相反，家族尤其是核心家庭中最主要的资源配置方式是基于亲缘关系的利他行为。相应的，家族企业中的利他行为的结构也可以用差序格局一词来描述：随着业主与家族成员的亲缘关系从内圈到外圈逐步降低，两者之间利他行为的水平也会呈现出逐圈依次递减的趋势。呈现差序式分布的利他行为不仅意味着具有不同结构的利他行为的总体水平可能不一样，还意味着家庭或者家族企业中总体水平相同的利他行为也很可能具有不同的结构。

　　呈现差序结构的利他行为对代理关系的优势是显而易见的：其一，差序格局越复杂，意味着可提供的人力资源一般就越充裕，业主获得较高能力家族经理人的概率也越高。毕竟核心家族成员的数量是有限的，往往会出现人力资源供给不足的情况，复杂的差序格局意味着在核心家庭成员之外，业主还可以从近亲、远亲乃至泛家族成员这个更大的人力资源蓄水池中挑选经理

[①]　虽然已有学者将差序格局引入家族企业研究领域，但基本上都是从人格化信任视角诠释其含义，鲜有从利他行为的结构视角来解读的，并且研究的对象大多锁定于家族经理人与职业经理人之间的差序格局，很少涉及家族经理人内部的差序格局。

人，这无疑大大提高了获得高素质家族经理人的可能。其二，随着差序格局由内而外逐圈向外扩展开，Buchanan（1975）式的"乐善好施困境"也随之得到缓解。由于差序格局中业主对家族经理人的利他行为水平随着亲缘关系下降而趋于递减，业主基于利他偏好的"自我控制问题"也随之得到缓解，即业主给予家族经理人无条件、无节制"转移支付"的动机也随之下降了，由利他行为导致的家族经理人的逆向激励问题也同时得到缓解。其结果是，家族企业在得以引进较高能力家族经理人的同时，还不同程度地抑制了家族经理人的偷懒、搭便车等机会主义行为。其三，差序格局也缓解了业主与家族成员之间委托代理关系的"双向锁定"困境，由于业主对近亲、远亲家族成员的利他行为水平相对较低，与核心家族经理人相比，业主解雇那些低能力、低努力程度的非核心家族经理人所面临的压力也相对较小，不用过于顾虑"不近情面"的解雇行为在家族内部产生的负面效应。

但是，差序结构的利他行为也不可避免地带来一系列消极作用。其一，差序格局会造成各类不同代理问题相互交织在一起。Karra等（2006）的案例研究发现，不同亲缘关系的家族经理人可能面临不一样的代理问题，核心和近亲家族经理人更容易发生偷懒、搭便车等道德风险，较少发生逆向选择，而远亲家族经理人和泛家族经理人更容易发生逆向选择行为。例如，业主往往缺乏足够的信息了解远亲家族成员的能力特征，但低能力的远亲家族成员可以利用相对特殊的身份获得关于业主个人和家庭的非公开信息，然后有针对性地向其发出一些"投其所好"的信号，以提高被聘用的概率。因此，差序结构的利他行为会导致各种不同类型的代理问题交织在一起，使代理关系进一步复杂化。其二，更为严重的一点是，差序结构的利他行为会产生家族企业内部多重不公平及多重歧视问题，换言之，利他行为的差序格局本身就是一个差序式歧视格局：家族企业的不公平现象不仅发生在家族经理人与职业经理人之间，也会发生在不同亲缘关系的家族成员之间，业主在制定薪酬水平时往往不仅仅依据个人能力和工作绩效，优先考虑的可能是与不同家族经理人之间亲缘关系的亲疏远近，形成一个从核心家族成员到近亲家族成员，再到远亲家族成员逐圈展开的多重歧视格局。当差序格局中靠近外圈的家族经理人与靠近内圈的家族经理人相比较而产生不公平感时，就不可避免地会导致心理不平衡，降低对组织的心理承诺，回报以偷懒、搭便车和在职消费等自我服务行为，加之业主的转移支付往往具有非公开性、随意性，在极端的情况下，甚至整个差序格局中的所有家族成员都会觉得自己没有得到公平对待。根据以上关于利他行为结构的讨论，可以得到假设 2。

H2a：差序格局与代理成本呈反比。

H2b：差序格局与代理成本呈正比。

三、不同企业成长阶段中利他行为、差序格局与代理成本

以上在静态环境下讨论利他行为，但无论是企业的内部组织环境还是外部宏观制度环境，都会在时间和空间两个维度上发生变化，为了从动态视角把握利他行为对代理成本的影响，有必要在理论框架和实证模型中综合考虑上述两个因素。企业内部组织环境一般随着企业的成长而发生变化，储小平等（2003）认为企业的成长主要表现在三个维度，分别是资本规模的扩大、组织的扩展和市场盈利能力的提高，而前两个维度通常紧密联系在一起。一些学者注意到利他行为、差序格局对代理成本的影响具有明显的阶段性差异（Chami，2001；Karra et al.，2006；陈建林，2011，2012；杨玉龙等，2014；谭庆美等，2018），在企业初创期往往十分有效，但随着企业的成长，利他行为的积极效应逐步下降，同时消极影响逐步上升，在跨过一定时点后前者甚至会被后者完全取代。我们认为原因主要来自两方面：

其一，企业规模扩大和组织扩张加剧了业主和家族经理人之间的信息不对称程度，会恶化利他行为引发的道德风险、逆向选择和多重歧视问题。在企业初创期，核心家族成员往往工作和生活在一起，借助家庭生活中的频繁互动，业主可以清楚地掌握家族经理人的工作尽职程度，因此，只要业主

具备一定的自我控制能力，便可以缓解"个人自身的代理问题"，有效消除家族经理人因利他行为而产生的偷懒、搭便车等道德风险（Lubatkin et al.，2005）。但随着企业规模的扩大和组织日益复杂化，相伴而来的是委托代理链条数量的急剧增加及单根代理链条的拉长，信息的数量和种类都会出现爆炸式增长，加之子女等核心家族成员在一定年龄后另组家庭，家族成员之间的互动频率也随之降低，这些都会导致业主和家族经理人之间的信息不对称程度加深。其结果是，即便业主具有一定的自我控制能力，也缺乏足够准确的信息来获取家族经理人的工作努力程度，不仅难以惩罚其道德风险行为，反而会在利他行为的支配下给予其一个远高于边际产出的薪酬水平，从而造成严重的逆向激励问题。同时，企业规模扩大和组织扩张还使核心家庭内部的人力资源变得捉襟见肘，促使企业加快引入近亲、远亲家族经理人，各类良莠不齐的非核心家族成员进入企业，进一步引发并加重了差序格局中远亲家族经理人的逆向选择问题，以及不同类别家族成员之间的"多重歧视"问题，上述两类问题往往交织在一起，最终造成企业在引入低素质家族经理人的同时，又抑制了高素质职业经理人的人力资本发挥。

其二，企业盈利水平的提升会加剧业主的自我控制问题，导致家族企业中的"乐善好施困境"恶化。当企业初创期盈利能力较低时，即便业主具有很强的利他偏好，对家族经理人的转移支付也往往"心有余而力不足"；但随着企业盈利能力的提升，业主可以掌控的资源越来越多，其对家族经理人转移支付的数额和频率也会大大增加，甚至可能采取一些无节制、无原则的大额转移支付，不仅不予追究，反而私下纵容家族经理人的机会主义行为，最终诱导这一群体出现不可救药的集体道德风险（Schulze et al.，2000，2001，2003）。这类缺乏约束的转移支付在企业盈利较低时仅仅面向核心家族经理人，在盈利较高时则会扩大到整个差序格局中包括远亲在内的所有家族经理人。与此相伴随的是在企业初创期，利他行为引导下的家族成员是企业"事实上"所有者这一信念相当于一种心理期权，但在积累了一定的原始财富后会造成企业事实上的产权不清，家族成员专注于既有财产的分配而非对未来财富的创造（贺小刚等，2009，2010），家族成员之间夫妻反目、兄弟纷争等各类冲突也开始逐渐浮出水面。Karra 等（2006）所做的一项持续 15 年的案例研究印证了上述论断，通过跟踪一家土耳其家族企业从最初的手工作坊到最后发展成大型跨国集团，他们发现当企业发展至一定阶段之后，家族成员内部的利他行为不仅不能缓解，反而恶化了一系列代理问题。根据以上论述得到假设 3。

H3a：随着家族企业的成长，利他行为水平对代理成本的积极效应逐步下降，同时消极效应逐步上升。

H3b：随着家族企业的成长，差序格局对代理成本的积极效应逐步下降，同时消极效应逐步上升。

四、不同外部制度环境中的利他行为、差序格局与代理成本

在制度规范度较低的外部环境中，即使家族经理人的代理能力不如外部职业经理人，其总体代理成本仍然相对较低。原因在于当外部薄弱的法律规制无法有效惩罚职业经理人的各类"败德"行为时，即使其专业技能和素质很高，最终所带来的代理成本也会高得难以承受，聘用外部经理人无异于"请贼入室"（Burkart et al.，2003）。在中国这样的新兴市场中更是如此，除了法律对投资者的权益保护薄弱之外，职业经理人市场本身也严重发育不足，加之行业存在大量的进入机会，产业结构鼓励了小规模、低门槛的创业，职业经理人往往处在一个自己创业还是给人打工的相机选择之中，从而产生较为普遍的"背叛"问题。徐细雄等（2018）对中国企业的研究表明，企业所在地区法律对投资者的保护越薄弱，经理人市场的发育就越滞后，创始人家族就越不愿意将控制权让渡给职业经理人。特别是当职业经理人掌握有关企业投资、营销网络、客户关系等核心信息后，背叛的概率会大大提高，一旦其掌握诸如假冒伪劣、偷税漏税等企业内部负面信息后，往往会发生对业主的"敲竹杠"行为，这些都会导致职业经理人的代理成本大大增加，一些极

端的情况下甚至趋于无穷大（李新春，2003；储小平，2002）。相形之下，家族经理人在降低代理成本上的优势就会充分体现出来，建立在亲缘关系上的利他行为可以确保家族经理人对业主保持较高的忠诚度和凝聚力，有效抑制家族经理人的背叛、敲竹杠等机会主义行为，即使家族经理人的代理能力不如职业经理人，但因利他行为降低的那部分代理成本足以弥补其因代理能力低下而导致的代理效率损失，其最终的总体代理成本仍然是相对较低的。

反之，在制度规范度较高的外部环境中，当完备法律规制和实施体系可以有效防范外部职业经理人的"败德"行为，所有者权益得到充分的保护时，家族经理人在降低代理成本上的优势就会大大降低。当职业经理人的"败德"行为的概率低至一定水平时，业主就无须顾虑职业经理人的背叛和敲竹杠行为，此时，继续留用低能力的家族经理人所产生的隐性代理效率损失严重，会远远超出因利他行为所能节省的那部分代理成本，最终导致总体代理成本大大增加。以上通过比较不同外部制度环境下两类经理人的代理成本可以发现，在不同规范度的外部制度环境中，利他行为对代理成本的最终效应也是不一样的，规范的外部制度环境与利他行为对降低代理成本来说是一对可以相互替代的制度安排（刘磊等，2006），随着企业外部制度环境规范度的逐步提升，利他行为在降低代理成本上的优势会随之趋于下降以至完全消失，其劣势反而逐步上升。业主的最优选择是随着外部制度环境的改善和规范化，逐步地向外部经理人开放关键性管理岗位，降低在企业中任职的家族成员的数量（王宣喻等，2004），在这个过程中利他行为总体水平逐步下降，同时，利他行为差序结构的复杂程度也随之下降。

根据以上论述得到假设 4。

H4a：随着外部制度环境的规范化，利他行为水平对代理成本的积极效应逐步下降，同时消极效应逐步上升。

H4b：随着外部制度环境的规范化，差序格局对代理成本的积极效应逐步下降，同时消极效应逐步上升。

第三节　实证研究设计

一、关键变量的度量

正如本书第二章中已经指出的，利他行为可以进一步分为不同类别。按照在人群中发生的范围，利他行为可以分为血亲群体内的和非血亲群体内的利他行为，前一种称为血亲利他，即利他行为发生在具有血亲关系的个体之间；后一种可以进一步分为互惠利他行为和纯粹利他行为（刘鹤玲，2008）。显然，家族成员内部的利他行为首先是血亲利他行为，这种人类社会最初始、最普遍的利他行为可以从社会生物视角来解释，Dawkins（1989）认为自然选择或者说"自我利益"的最基本单位不是物种和群体也不是个体，而是基因这一基本遗传单位。个体在进化中采取利他行为，是以降低自身的适应性（fitness）为代价来提高保存和延续自身基因的概率。两个个体之间的血亲关系越紧密，两者拥有相同或者相似基因的比例越高，就越愿意彼此降低自身的适应性来拯救对方的基因，因为这也是在延续自身的基因，这种行为甚至超越了个体主观上能够选择的范围。人类社会尤其是家庭中的利他行为同样可以追溯到"自私的基因"（Wilson，1975），家族成员之间的血亲关系越直接，就越愿意降低自身的效用水平来提高对方的福利水平，随着血亲关系的紧密度下降，家族成员之间利他行为的动机和水平也随之降低，整体上呈现出与血亲关系高度匹配的由高到低、由强到弱的差序式分布。

可见，虽然家族成员内部的利他行为本身难以量化，但演化生物学的汉密尔顿亲缘系数（Hamilton，1964）可以成为一个很好的替代指标。汉密尔顿系数是指生物学上有血亲关系的两个个体之间基因相同的概率，通常可以理解为两个个体之间总体上有多少比例的基因是相同的。设自身的基因总数为1，则父子、母子和兄弟姐妹之间有0.5的基因是恒定相同的；祖孙、叔侄、舅甥之间有0.25的基因是相同的；表兄弟姐妹之间有0.125的基因是相同的。家族成员之间以血亲关系远近为尺度的利他行为与传统中国乡土社会的差序格局是高度耦合的，人们基本上按照男系血亲（父系家族）来决定自己和他人的远近亲疏，"在单系的家族组织中所注重的亲属确多由于生育而少由于婚姻，所以说是血缘也无妨"（费孝通，1947）。

亦如本书第二、三章所指出的，利他行为显然也发生在具有姻亲关系的家庭成员之间，夫妻内部的利他行为水平无疑显著高于近亲家族成员，如果将姻亲家族成员排除在外，显然难以完整而准确地刻画家庭内部利他行为的分布。郭跃进（2002）首次采用传统的五等亲制测算民营上市公司的家族化水平，但由于五等亲制遵从父系原则，不仅没有涵盖以妻子为首的姻亲家族成员，甚至也没有包括女儿这样的核心家族成员，因而与当代中国社会家庭结构的实际情况存在一定甚至较大出入。中国自 19 世纪中后期启动近代化进程，尤其是改革开放以来，随着中国传统乡土社会的现代化，姻亲（主要指母、妻双方及其家族成员）关系和拟亲缘关系也开始渗入差序格局，其结果是当代中国社会的差序格局既涵盖了按照父系继嗣形成的宗族群体，也容纳了由婚配构成的姻亲群体（郭于华，1994），在一些情况下，姻亲关系甚至威胁到父系关系在差序格局中的核心地位。

姻亲进入差序格局意味着女系亲属关系进入了过去只容纳男系血亲关系的同心圆结构中[1]，并且也可以按照女系血亲关系的远近而分出关系的远近（杨善华、侯红蕊，1999）。考虑到中国当代社会姻亲关系进入差序格局这一无法忽视的事实，我们在汉密尔顿亲缘系数基础上，提出同时包括血亲关系和姻亲关系在内的"广义亲缘系数"来度量家族成员内部的利他行为。鉴于夫妻属于核心家族成员，因而将夫妻之间的亲缘系数和其他任意两个核心家族成员（母子、父子或兄弟姐妹）一样设定为 0.5，以此为中介系数，再根据姻亲方某一血亲家族成员与姻亲方之间的汉密尔顿系数，就可以计算出这一姻亲方家族成员与业主之间的广义亲缘系数，以此类推，可以计算出所

---

[1]　如果业主为女性，则意味着男系亲属关系进入了女系血亲关系的同心圆结构中。

有具有间接姻亲关系个体的广义亲缘系数。例如，翁婿关系指的是岳父和女婿的关系，岳父即妻子的父亲，因此翁婿之间的广义亲缘系数是父女之间的亲缘系数×夫妻之间的亲缘系数，即0.5×0.5=0.25。事实上女婿又被称为"半子"，"女婿能顶半个儿"之类的俗语也从一个侧面支持了这一计算方法的合理性。以下采用广义亲缘系数（简称亲缘系数，下同），以鸿博股份（股票代码：002229）和老板电器（股票代码：002506）为例，分别计算两家上市公司中利他行为的水平及结构。

鸿博股份的控制人是尤玉仙，除了她本人之外，共有6位家族成员进入公司，分别是母亲章棉桃、兄弟尤友岳和尤友鸾、姐妹尤雪仙和尤丽娟、女儿苏凤娇（见图5.1），所有成员皆为尤玉仙的血亲家族成员，亲缘系数[①]皆为0.5，换言之，我们可以认为尤玉仙与任一家族成员之间利他行为的水平都是0.5，其家族中利他行为的总体水平是0.5×6=3。由于任一家族成员的亲缘系数都为0.5，因而所有家族成员都同处在差序格局的第一个同心圆上，即差序数为1，或者说，尤玉仙家族内部的利他行为不存在差序结构。

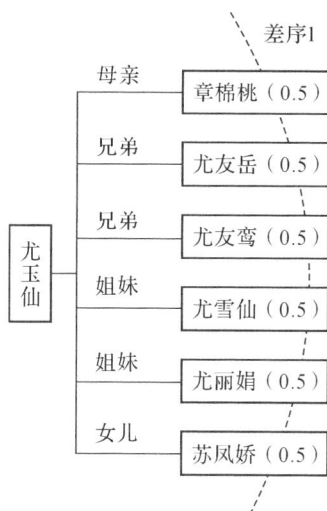

图5.1　鸿博股份尤玉仙家族差序格局与利他行为水平

---

① 由于6位家族成员皆为控制人尤玉仙的血亲家族成员，此处广义亲缘系数皆为汉密尔顿亲缘系数。

老板电器的控制人为任建华，他同样有6位家族成员进入公司，分别是其妻子沈国英、儿子任富佳、妹夫沈凤林、妻子的妹夫任罗忠、妻子妹夫的弟弟任有忠、妻子妹夫的妹夫朱永良（见图5.2）[①]。妻子和儿子的亲缘系数皆为0.5，妹夫的系数为0.5×0.5=0.25，妻子的妹夫的系数为0.5×0.5×0.5=0.125，以此类推，妻子妹夫的弟弟的系数为0.5×0.5×0.5×0.5=0.0625，妻子妹夫的妹夫的系数为0.03125，任建华家族中利他行为的总体水平是1.46875。6位家族成员分别处在第1至5个同心圆上，差序数为5，因此任建华家族中利他行为存在相对复杂的差序结构。比较两家上市公司可以发现，虽然进入公司的家族成员数相同，但家族内部利他行为的总体水平存在很大差异，并且，尤氏家族的利他行为是一种"同序"结构，而任氏家族利他行为则存在明显的"差序格局"。以上分析进一步表明利他行为存在数量和结构两个维度的特征，无论遗漏了哪一个维度都无法准确地分析利他行为对代理关系的影响。

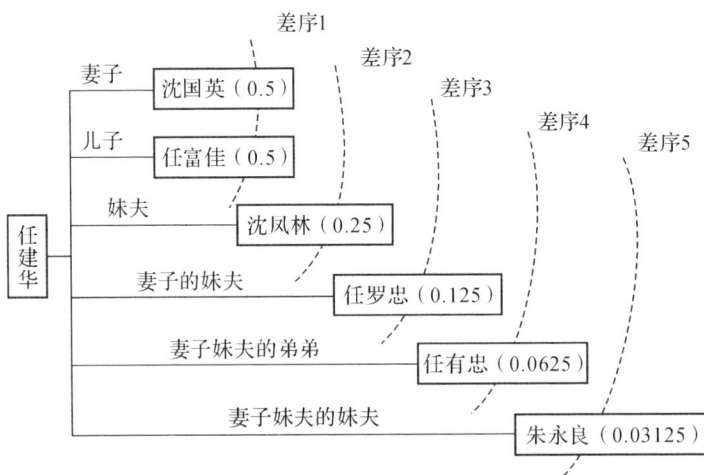

图5.2 老板电器任建华家族差序格局和利他行为水平

---

① 除了儿子之外，其他均为姻亲家族成员。

二、代理成本的度量

广义的代理成本由委托人监督成本、代理人担保成本和剩余损失三个部分组成（Jensen & Meckling，1976）。对家族企业而言，监督成本主要包括设立董事会、监事会对经理人的监督成本；担保成本是制定和实施委托代理合同的实际成本，包括聘请会计师事务所审计财务报表的费用，对企业收付款、投融资、担保等运营业务设计和实施控制流程的成本；剩余损失包括经理人显性的在职消费，以及隐性的偷懒或者决策失误等引致的成本。

西方学者主要采用替代指标法来测量代理成本，James 等（2000）交替使用了两种指标：第一个指标是用销售（收入）管理费用率来表示，主要用来度量监督成本、担保成本，以及经理人过度在职消费而产生的成本，具体方法是用管理费用除以销售收入（即营业收入，以控制企业规模的影响）。管理费用是指企业行政管理部门为组织和管理生产经营活动而发生的各项费用，包括：行政管理部门职工工资及福利费、物料消耗、低值易耗品摊销、办公费和差旅费；董事会成员的津贴、会议费和差旅费；聘请会计师事务所等中介机构费；业务招待费；租赁费；等等。公司高管人员发生的在职消费均归入管理费用，并且占据了最高比例。根据我国现行会计准则，相对于营业费用率和财务费用率，管理费用率是一个更恰当的衡量经理人代理成本的指标（杨德明等，2009）。第二个指标是度量剩余损失的替代变量总资产周转率，具体计算方法是营业收入/总资产期末余额，其反映了由于经理人对企业资产低效率使用而导致的代理成本，低效率的使用资产包括采取偷懒等机会主义行为及发生决策错误，在同一外部市场环境中，决策失误的程度与频率则与经理人的代理能力紧密相关。

上述两个指标中第一个指标侧重于反映因为代理行为而实际发生的成本，主要是经理人过度消费而引起的浪费（李寿喜，2007），对家族上市公司来说，这一指标还反映了业主在利他行为引导下对家族成员的无条件转移支付；第二个指标则体现了由代理人努力程度和代理能力而导致的效率损失。

Ang 等（2000）、Singh 等（2003）在研究中都采用了类似指标，国内学者李寿喜等（2007）也都沿用了管理费用率和资产周转率这两个指标。为了进一步度量经理人的努力程度和代理能力，我们还使用了资产利用率这一指标，具体计算公式是主营业务收入／总资产期末余额，其中，主营业务收入＝营业收入－其他业务收入。其理由是主营业务收入剔除了出租固定资产、无形资产等方面的被动性收入，是企业从事经常性的、主要生产经营活动所产生的基本收入，能够更好地反映出经理人的努力程度和代理能力。

三、研究对象界定、研究步骤与数据来源

由单一自然人控制，没有家族成员进入的企业也可以归入宽泛意义上的家族企业，但这类企业显然不存在基于亲缘关系的利他行为，尽管一些创业伙伴或者多年的职业经理人已经成为控制人的亲信乃至泛家族成员。本章继续以第四章的家族企业界定标准，参考王河森、陈凌和王明琳（2011）的文献，选择具备以下两个条件的上市公司作为研究对象：（1）实际控制人可以追溯到某一自然人或家族，并且控制权大于等于15%；（2）至少有2位具有亲缘关系的家族成员持股或担任上市公司高管，这类公司可以称之为真正的或狭义的家族上市公司。

本章从以下几个渠道搜寻并交叉印证最终控制人与其家族成员之间的亲缘关系，后者包括了担任董事、经理人等高管职务的家族成员，也包括直接或者间接持有上市公司股份的家族成员：从历年公司年报、招股说明书和上市公告中获取相关信息，其中"股东关联关系或一致行动说明""本公司与实际控制人之间的产权及控制关系方框图"两栏提供了最终控制人与其他自然人股东之间的亲缘关系信息；由于大部分上市公司没有揭示最终控制人与担任高管职务但不持有股份的家族成员之间的亲缘关系，我们以最终控制人为基准，对于历年年报中"董事、监事和高级管理人员基本情况"一栏中出现过的所有成员，则通过查阅财经类报刊及借助搜索引擎逐一确定他们与最

终控制人的亲缘关系。

因此，本章最关键且最难以获取的两个解释变量的数据——利他行为总体水平（$Altru_{i,t}$）和差序格局（$Dif\text{-}Seq_{i,t}$）全部由手工逐一整理而得，其余变量来自国泰安数据库（CSMAR），其中被解释变量包括销售收入管理费用率（$Mana\text{-}R_{i,t}$）、总资产周转率（$Turno\text{-}R_{i,t}$）、资产利用率（$Asseta\text{-}R_{i,t}$）；控制变量包括控制权与现金流权偏离程度（$Con/Cash_{i,t}$）[1]；最终控制人是否担任董事长或总经理（$Dir\text{-}Mana_{i,t}$）、债务融资比率（$LEV_{i,t}$）、独立董事比例（$Ind\text{-}R_{i,t}$）、企业资产规模（$Size_{i,t}$）、行业（$Indusrty_{i,t}$）、年度（$Year_{i,t}$）及外部市场环境（$Mark\text{-}d_{i,t}$）等变量。此外，我们还引入了员工人数（$Emp_{i,t}$）、净资产收益率（$ROE_{i,t}$）会同企业资产规模（$Size_{i,t}$）一起作为划分企业成长阶段的依据。

回归分析的步骤如下：

对全部样本进行回归分析，为了检验利他行为的总体水平与差序结构在影响代理成本时的相互关系，模型中引入了两个变量的交互项（$Altru_{i,t} \times Dif\text{-}Seq_{i,t}$）。以被解释变量为管理费用率（$Mana\text{-}R_{i,t}$）为例，如果利他行为总体水平和差序结构的偏回归系数显著为负，同时它们交互项的偏回归系数显著为正，表明两者皆能降低代理成本，但在降低代理成本时存在相互替代关系；反之如果交互项的系数显著为负，则说明两者之间存在互补关系。

为了检验企业成长阶段对利他行为与代理成本之间关系的影响，选择了员工总人数[2]和净资产收益率两个指标来衡量企业组织扩展和盈利能力两方面的成长特征，分别引入利他行为总体水平与员工总人数对数的交互项〔$Altru_{i,t} \times \log(emp_{i,t})$〕、与净资产收益率的交互项（$Altru_{i,t} \times ROE_{i,t}$），以及差序格局与员工总人数对数的交互项〔$Dif\text{-}Seq_{i,t} \times \log(emp_{i,t})$〕、与净资

---

[1]　等于每条控制链上的股权比例的最小值之和除以每条控制链上终极所有权之和，按照 La Porta 等（1999）的方法计算。

[2]　储小平和李怀祖（2003）从资本规模、组织扩展和盈利能力三个角度衡量企业的成长，但由于企业资产规模和员工人数两个指标高度相关，因此舍弃了企业资产规模指标。

产收益率的交互项（$Dif\text{-}Seq_{i,t} \times ROE_{i,t}$）。同样以被解释变量为管理费用率（$Mana\text{-}R_{i,t}$）为例，如果利他行为总体水平偏回归系数显著为负，而交互项 $Altru_{i,t} \times \log(emp_{i,t})$ 的偏回归系数显著为正，则表明随着企业成长这一调节变量的提高，逐渐抵消了利他行为总体水平与代理成本之间的负向关系。为了进一步检验企业不同成长阶段中利他行为对代理成本的影响是否存在差异，分别选取员工总人数和净资产收益率两个指标的均值，将全样本分为低成长阶段和高成长阶段两组，共计 4 组，逐一进行回归分析。

采用被广泛采用的樊纲、王小鲁和朱恒鹏（2011）的中国市场化指数（$Mark\text{-}d_{i,t}$）来度量企业所处的外部制度环境，继续引入利他行为总体水平与外部制度环境的交互项（$Altru_{i,t} \times Mark\text{-}d_{i,t}$）和差序格局与外部制度环境的交互项（$Dif\text{-}Seq_{i,t} \times Mark\text{-}d_{i,t}$），以检验外部制度环境变化对利他行为与代理成本之间关系的影响。同样选取外部制度环境的均值将全部样本分为制度环境低规范组和高规范组，以进一步验证不同制度环境下利他行为与代理成本之间的关系是否存在差异。

从 2004 年开始证监会要求上市公司在年报中公布最终控制人信息，大部分公司的年报都以控制链图表来表述详细的控股情况，为我们获得亲缘关系提供了直接或间接的便利条件。但由于一部分公司年报对控制链的描述不完整或者完全缺失，还有一部分公司年报存在隐瞒甚至故意歪曲信息的情况，刻意掩饰股东之间的亲缘关系，因此我们剔除了相关数据缺失的公司和金融类公司，最后得到 2004 年到 2010 年期间 362 家上市公司的非平衡面板数据。

第四节　实证结果与分析

一、统计性描述和相关度分析

对原始数据的统计发现，当前家族上市公司中存在 27 种不同的亲缘关系。这 27 种亲缘关系分别是配偶、父母、子女、兄弟/姐妹、侄子/侄女（外

甥 / 外甥女）、儿媳、堂（表）兄弟 / 姐妹、女婿、兄弟 / 姐妹的配偶、配偶的父母、配偶的兄弟 / 姐妹、父母的兄弟 / 姐妹、父母的兄弟 / 姐妹的配偶、兄弟 / 姐妹的配偶的兄弟 / 姐妹、女婿的兄弟 / 姐妹、儿媳的兄弟 / 姐妹、侄子 / 侄女（外甥 / 外甥女）的配偶、侄子 / 侄女（外甥 / 外甥女）的配偶的兄弟 / 姐妹、侄子 / 侄女（外甥 / 外甥女）的配偶的兄弟 / 姐妹的配偶、堂（表）兄弟 / 姐妹的儿子的女婿、配偶的父母的兄弟 / 姐妹、配偶的侄子 / 侄女（外甥 / 外甥女）、配偶的兄弟 / 姐妹的配偶、配偶的兄弟 / 姐妹的儿媳、配偶的兄弟 / 姐妹的配偶的兄弟 / 姐妹、配偶的堂（表）兄弟 / 姐妹的配偶的兄弟 / 姐妹、配偶的兄弟 / 姐妹的配偶的兄弟 / 姐妹的配偶。

我们还发现样本观测期间我国家族上市公司中家族高管的人数逐年上升，利他行为的总体水平和差序结构复杂度也随之逐年提高，但总体上两者提升的幅度都不大。原始数据亦显示上市公司中利他行为总体水平的最大值为 5.5，差序数最大值为 6，进入差序格局的最低广义亲缘系数为 0.015625。

各主要变量的相关性分析详见表 5.1。利他行为总体水平 *Altru* 和差序结构 *Dif-Seq* 与销售收入管理费用率 *Mana-R* 呈显著负相关，与总资产周转率 *Turno-R*、资产利用率 *Asseta-R* 存在显著正相关，相对而言，*Altru* 与 3 个被解释变量之间相关系数的显著程度要更高一些。还可以发现 *Altru* 与 *Dif-Seq* 之间的相关系数只有 0.329，并不存在较大的相关性，且两者的方差膨胀因子（*VIF*）都小于 1.15，说明多重共线性很弱，较高水平的利他行为并不显著伴随着较为复杂的差序格局。这进一步表明有必要从数量和结构两个维度分别来检验利他行为对代理成本的影响，并且检验两者之间的交互效应。典型的如美锦能源（股票代码：000723）有 8 位家族成员担任高管，但差序数仅为 1；再如金固股份（股票代码：002488）中家族高管人数一度达到 15 人，差序数也仅为 3；而老板电器（股票代码：002058）有 6 位家族高管，但差序数高达 5。

表 5.1　主要变量的相关度分析

变量	差序 1	差序 2	差序 3	差序 4	差序 5	差序 6	差序 7	差序 8	差序 9
1.*Mana-R*	1								
2.*Turno-R*	−0.267***	1							
3.*Asseta-R*	−0.265***	0.994***	1						
4.*Altru*	−0.096***	0.102***	0.102***	1					
5.*Dif-Seq*	−0.067**	0.058**	0.055*	0.329***	1				
6.*Dir-Mana*	0.011	0.090***	0.092***	0.026	0.045	1			
7.*Cotr/Cash*	−0.007	−0.079***	−0.075***	−0.053*	−0.028	−0.201***	1		
8.*LEV*	−0.049*	−0.129***	−0.125***	−0.061**	0.004	−0.124***	0.129***	1	
9.*Ind-R*	0.004	0.010	0.013	0.058**	−0.095***	0.105***	−0.133***	−0.054*	1
10.*Log(Size)*	−0.254***	0.024	0.016	0.023	−0.042	−0.015	0.092***	0.274***	−0.021

注：***、**、*分别表示在 1%、5%、10% 置信水平上显著；样本数为 1138。

二、回归分析

我们分别采用了混合模型、固定效应模型和随机效应模型，并采用似然比方法和豪斯曼方法检验不同模型的冗余性，最终采用了混合模型，同时，考虑到我们收集的面板数据在时间上较窄而在横截面上较宽，为了消除这类面板数据中横截面个体之间通常存在的异方差问题，我们采用了 White 截面加权法（White cross-section）。从表 5.2 的全样本回归结果看，模型 1 表明无论利他行为总体水平 *Altru* 还是差序结构 *Dif-Seq* 都降低了代理成本，且在 1% 置信水平上显著；模型（2）和（3）亦表明 *Altru* 和 *Dif-Seq* 与代理效率成正比，同样在 1% 置信水平上显著，因此，总体上接受假设 H1a 和 H2a。但模型（1）中交互项 $Altru_{i,t} \times Dif\text{-}Seq_{i,t}$ 的系数显著为正，说明利他行为的数量与结构在降低代理成本上存在明显的替代效应；也就是说在利他行为总体水平相同的前提下，与同序结构的利他行为相比，差序结构的利他行为在降低代理成本上的边际效应要更低一些；模型（2）和（3）中 $Altru_{i,t} \times Dif\text{-}$

$Seq_{i,t}$ 的系数显著为负，同样表明两者在提高代理效率上也存在替代效应，即差序结构的利他行为在提高代理效率上的边际效应要低于同序结构的利他行为。针对全样本的回归分析表明，总体上家族经理人扮演了"管家"角色，无论是完全由核心家族成员组成的经理人团队，还是由不同类型家族成员组成的混合经理人团队，都显著降低了代理成本。

表 5.2　全部样本回归分析

变量	Mana-R（1）	Turno-R（2）	Asseta-R（3）
Intercept	0.659***	−0.244**	−0.137
Altru	−0.016***	0.185***	0.194***
Dif-Seq	−0.021***	0.191***	0.197***
Altru×Dif-Seq	0.006***	−0.092***	−0.097***
Dir-Mana	−0.045***	−0.162**	−0.129
Cotr/Cash	0.003***	−0.023***	−0.021***
LEV	0.002	−0.384***	−0.344***
Ind-R	0.011***	0.052***	0.051***
Log(Size)	−0.025***	0.005	−0.002
Mark-d	0.001*	0.024***	0.026***
Indusrty	Yes	Yes	Yes
Year	Yes	Yes	Yes
N	1138	1138	1138
Adj-R2	0.6653	0.748	0.761
	（−0.104）	（−0.201）	（−0.195）
F-Statistics	367.782***	1029.092***	1388.044***

注：***、**、*分别表示在1%、5%、10%置信水平上显著。

为了检验 H3，我们分别从组织扩展和盈利能力两个层面来度量企业成长。表 5.3 中模型 1 显示利他行为总体水平与员工总人数对数的交互项 $Altru_{i,t} \times \log(emp_{i,t})$ 的偏回归系数为正，且在 1% 置信水平上显著；差序格局与员工总人数对数的交互项 $Dif\text{-}Seq_{i,t} \times \log(emp_{i,t})$ 的偏回归系数为正但缺乏显著性，表明随着企业组织规模的扩张，利他行为总水平对代理成本的积极效应下降了，但企业组织规模对差序格局与代理成本之间关系的影响并不明显。模型（2）和（3）中交互项 $Altru_{i,t} \times \log(emp_{i,t})$ 和 $Dif\text{-}Seq_{i,t} \times \log(emp_{i,t})$ 的系数皆显著为负，表明企业组织规模扩张总体上降低了利他行为的水平和结构对代理效率的积极效应。上述结果可知，组织规模的扩张对冲了利他行为总体水平与代理成本和代理效率的积极效应，支持了 H3a；同时，组织规模扩张也减缓了差序格局对代理效率的积极效应，部分支持了 H3b。

表 5.3 模型 4 中利他行为总体水平与净资产收益率的交互项 $Altru_{i,t} \times ROE_{i,t}$、差序格局与净资产收益率的交互项 $Dif\text{-}Seq_{i,t} \times ROE_{i,t}$ 的偏回归系数皆显著为正，其中 $Altru_{i,t} \times ROE_{i,t}$ 的系数在 1% 置信水平上显著，表明企业盈利能力的提高抵消了利他行为总体水平与差序格局对代理成本的积极效应。模型（5）、（6）显示所有的交互项 $Altru_{i,t} \times ROE_{i,t}$、$Dif\text{-}Seq_{i,t} \times ROE_{i,t}$ 的系数都为正，但皆缺乏显著性，表明企业盈利能力的变化对利他行为的水平和结构与代理效率之间的正向关系并没有产生系统性影响。以上结论从企业盈利能力的层面部分支持了 H3a 和 H3b，即随着企业成长，利他行为总体水平与差序格局对狭义代理成本的积极效应下降了。

表 5.3　基于企业成长阶段的全样本回归分析：组织扩展与盈利能力

变量	组织扩展			变量	盈利能力		
	Mana-R（1）	*Turno-R*（2）	*Asseta-R*（3）		*Mana-R*（4）	*Turno-R*（5）	*Asseta-R*（6）
Intercept	1.212***	−0.188	−0.145	*Intercept*	0.596***	0.003	−0.109
Altru	−0.305***	0.528**	0.327*	*Altru*	−0.016***	0.211***	0.197***
Dif-Seq	−0.039**	0.210*	0.073	*Dif-Seq*	−0.004*	0.214***	0.203***
Altru×Dif-Seq	0.002*	−0.100***	−0.094***	*Altru*Dif-Seq*	0.002**	−0.108***	−0.101***

续表

变量	组织扩展			变量	盈利能力		
	Mana-R（1）	Turno-R（2）	Asseta-R（3）		Mana-R（4）	Turno-R（5）	Asseta-R（6）
Altru×Log(emp)	0.014***	−0.016**	−0.007*	Altru*ROE	0.045***	0.036	0.035
Dif-Seq×Log(emp)	0.001	−0.020**	−0.013**	Dif-Seq*ROE	0.094*	0.009	0.002
Dir-Mana	0.009***	0.057***	0.055***	Dir-Mana	0.008***	0.058***	0.058***
Cotr/Cash	0.004***	−0.019***	−0.022***	Cotr/Cash	0.001	−0.019***	−0.021***
LEV	0.005	−0.345***	−0.379***	LEV	−0.017***	−0.302***	−0.352***
Ind-R	−0.038***	−0.130*	−0.158**	Ind-R	−0.037***	−0.176***	−0.205***
Log(Size)	−0.051***	0.000	0.000	Log(Size)	−0.023***	−0.011***	−0.003
Mark-d	−0.001***	0.025***	0.023***	Mark-d	0.001***	0.027***	0.025***
Indusrty	Yes	Yes	Yes	Indusrty	Yes	Yes	Yes
Year	Yes	Yes	Yes	Year	Yes	Yes	Yes
N	1138	1138	1138	N	1138	1138	1138
Adj-R²	0.614	0.791	0.689	Adj-R²	0.740	0.713	0.797
	（0.109）	（0.195）	（0.201）		（0.138）	（0.198）	（0.203）
F-Statistics	226.48***	6379.01***	232.568***	F-Statistics	803.421***	234.705***	16098.780***

注：***、**、*分别表示在1%、5%、10%置信水平上显著。

上述从企业组织扩张和盈利能力两个层面的检验结果，总体上支持了H3a和H3b。为了进一步检验H3，即企业成长阶段这一调节变量在多大程度上抵消了利他行为的总体水平和差序格局对代理成本的积极效应，尤其是当企业组织形态复杂程度及盈利能力提高至特定水平后，这种积极效应是否会最终消失甚至进一步转化为消极效应。我们首先选取公司员工总人数的均值，将全部样本分为简单组织形态和复杂组织形态两组。表5.4中模型（1）

表明在简单组织形态家族上市公司中，利他行为总体水平 *Altru* 和差序结构 *Dif-Seq* 皆显著降低了代理成本，相反，模型（4）则表明在复杂组织形态家族上市公司中，*Altru* 与代理成本呈显著正相关，但其边际效应的绝对值要低于简单组织形态公司；*Dif-Seq* 的系数为正，但缺乏显著性。表 5.4 中模型（2）和（3）显示在简单组织形态公司中，*Altru* 和 *Dif-Seq* 皆与代理效率呈正比，且在 1% 的置信水平上显著，与其形成鲜明对比的是，模型（5）和（6）表明在复杂组织形态公司中，无论是 *Altru* 还是 *Dif-Seq* 都降低了代理效率，同样在 1% 置信水平上显著。如果以资产利用率 *Asseta-R* 为因变量，后一类公司中 *Dif-Seq* 的边际效应绝对值是前一类公司的 1 倍。以上基于企业组织扩展的分组检验结果也支持了表 5.3 的全样本检验结果，可见，利他行为总体水平对代理成本和代理效率的积极影响随着组织形态复杂化而转变为消极影响，从组织扩展的角度非常有力地支持了假设 H3a；利他行为的差序结构对代理成本的积极影响不再显著，但并没有转化为消极影响，对代理效率的积极影响则显著地转化为消极影响，也支持了假设 H3b。

表 5.4　基于企业成长阶段的分类回归分析：组织扩展

变量	简单组织			复杂组织		
	Mana-R（1）	*Turno-R*（2）	*Asseta-R*（3）	*Mana-R*（4）	*Turno-R*（5）	*Asseta-R*（6）
Intercept	0.868^{***}	0.155^{*}	0.735^{***}	0.213^{***}	0.366	1.712^{***}
Altru	-0.031^{***}	0.211^{***}	0.206^{***}	0.016^{***}	-0.146^{***}	-0.261^{***}
Dif-Seq	-0.028^{***}	0.270^{***}	0.246^{***}	0.006	-0.383^{***}	-0.530^{***}
Altru×Dif-Seq	0.010^{***}	-0.109^{***}	-0.107^{***}	-0.009^{***}	0.137^{***}	0.202^{***}
Dir-Mana	0.040^{***}	-0.275^{***}	-0.389^{***}	-0.149^{***}	1.615^{*}	1.164^{***}
Cotr/Cash	-0.001	-0.039^{***}	-0.037^{***}	0.000	-0.020^{***}	-0.017^{***}
LEV	0.001	-0.521^{***}	-0.332^{***}	0.001	-0.888^{***}	-0.744^{***}
Ind-R	-0.001	0.104^{***}	0.069^{***}	0.022^{***}	-0.039	-0.055^{***}

续表

变量	简单组织			复杂组织		
	Mana-R（1）	Turno-R（2）	Asseta-R（3）	Mana-R（4）	Turno-R（5）	Asseta-R（6）
Log(Size)	−0.036***	−0.001	−0.032***	−0.006***	0.005	−0.034***
Mark-d	0.004***	0.035***	0.037***	0.001**	0.046***	0.023***
Indusrty	Yes	Yes	Yes	Yes	Yes	Yes
Year	Yes	Yes	Yes	Yes	Yes	Yes
N	839	655	839	305	264	305
Adj-R²	0.729	0.510	0.663	0.519	0.531	0.486
	（0.081）	（0.083）	（0.0635）	（0.229）	（0.120）	（0.127）
F-Statistics	733.569***	107.778***	353.657***	52.877***	48.660***	42.180***

注：***、**、*分别表示在1%、5%、10%置信水平上显著。

同样为了进一步检验H3，我们继续选取净资产收益率的均值，将全部样本分为低盈利和高盈利两组。表5.5中模型（1）和（4）显示，无论是低盈利组还是高盈利组，利他行为总体水平 Altru 和差序结构 Dif-Seq 皆与代理成本呈显著负相关，但容易发现模型（4）中两个变量的回归系数都要明显小于模型（1）中对应的系数，说明两者对代理成本的积极效应并没有随着企业成长而趋于消失，但边际效应都出现了明显下降，模型（4）中 Altru 的斜率只有模型（1）中的43.33%，而 Dif-Seq 的斜率只有模型（1）中的18.37%。模型（2）和（3），（5）和（6）分别显示，在两组样本中，Altru 和 Dif-Seq 都显著地提高了代理效率，并且，Altru 对代理效率的边际效应几乎没有变化，Dif-Seq 对代理效率的边际效应也变化不大。由上可见，无论是利他行为的总体水平还是差序结构，对代理成本的积极影响随着公司盈利能力提升而呈现下降趋势，但并没有转为消极影响；与此形成对照的是，两者对代理效率的影响并没有随着公司盈利能力的提高而发生变化，始终发挥着相对稳定的正面效应，其中利他行为总体水平对代理效率的影响表现得更为明显一些，以上基于企业盈利能力的分组检验结果也与表5.3的全样本检验结果相吻合。综上，从公司盈利能力的视角部分地支持了假设H3a和H3b。

表5.4、表5.5的结果总体上支持了假设H3，但不同角度的检验结果对H3的支持力度存在一定差异，组织扩展角度强烈地验证了H3a，也支持了H3b；盈利能力视角则部分地支持了H3a和H3b。我们从中可以推论出，由组织结构复杂化、委托代理链条拉长导致的信息不对称程度加深是导致利他行为最终效应发生变化的主因，而由业主"自我控制问题"引发的代理问题并不明显，即使在企业经营状况良好、业主能够掌控充盈的企业资源用于对家族成员进行转移支付的情况下。

表5.5　基于企业成长阶段的分类回归分析：盈利能力

变量	低盈利			高盈利		
	Mana-R（1）	Turno-R（2）	Asseta-R（3）	Mana-R（4）	Turno-R（5）	Asseta-R（6）
Intercept	0.945***	−0.205	−0.223	0.447***	0.086	0.248
Altru	−0.030***	0.184***	0.181***	−0.013***	0.174***	0.182***
Dif-Seq	−0.049***	0.202***	0.200***	−0.009***	0.149***	0.164***
Altru×Dif-Seq	0.013***	−0.082***	−0.081***	0.004***	−0.089***	−0.096***
Dir-Mana	0.002	0.132***	0.131***	0.014***	0.012	0.007
Cotr/Cash	0.002	0.023***	0.024***	0.002***	−0.051***	−0.044***
LEV	−0.005	0.078	0.078	0.016***	−0.459***	−0.398***
Ind-R	−0.085***	0.071	0.064	−0.033*	−0.092	0.138
Log(Size)	−0.035***	−0.003	−0.002	−0.018***	0.014**	−0.001
Mark-d	0.002***	0.033***	0.034***	0.003***	0.024***	0.028***
Indusrty	Yes	Yes	Yes	Yes	Yes	Yes

续表

变量	低盈利			高盈利		
	Mana-R（1）	Turno-R（2）	Asseta-R（3）	Mana-R（4）	Turno-R（5）	Asseta-R（6）
Year	Yes	Yes	Yes	Yes	Yes	Yes
N	450	450	450	692	692	692
Adj-R^2	0.473	0.798	0.790	0.455	0.553	0.433
	（0.075）	（0.091）	（0.091）	（0.153）	（0.050）	（0.046）
F-Statistics	62.721***	28830.05***	2976.184***	88.573***	142.124***	80.674***

注：***、**、*分别表示在1%、5%、10%置信水平上显著。

最后为了假设 H4，即验证外部制度环境对利他行为与代理成本之间关系所施加的影响，我们引入利他行为总体水平与外部制度环境的交互项（$Altru_{i,t} \times Mark\text{-}d_{i,t}$）和差序格局与外部制度环境的交互项（$Dif\text{-}Seq_{i,t} \times Mark\text{-}d_{i,t}$）。表 5.6 模型 1 中 $Altru_{i,t} \times Mark\text{-}d_{i,t}$ 的偏回归系数显著为负，表明外部制度环境的规范强化了利他行为总水平对代理成本的积极效应；模型（2）（3）中 $Altru_{i,t} \times Mark\text{-}d_{i,t}$ 的系数皆显著为正，说明随着制度环境规范化程度的提高，利他行为总水平对代理效率的积极效应也随之提升了。与我们的预期完全不符，上述实证结果得到了与 H4a 截然相反的结论。模型（1）至（3）中 $Dif\text{-}Seq_{i,t} \times Mark\text{-}d_{i,t}$ 的三个系数皆缺乏显著性，H4b 也没有得到验证。

表 5.6　基于外部市场化程度的全样本回归分析

变量	Mana-R（1）	Turno-R（2）	Asseta-R（3）
Intercept	0.666***	−0.370**	−0.447***
Altru	−0.022***	0.285***	0.282***
Dif-Seq	−0.028	0.103*	0.094*
Altru × Dif-Seq	0.001*	−0.092***	−0.091***
Altru × Mark-d	−0.001**	0.010**	0.009**
Dif-Seq × Mark-d	−0.003	0.006	0.007

续表

变量	Mana-R（1）	Turno-R（2）	Asseta-R（3）
Dir-Mana	0.012***	0.083***	0.079***
Cotr/Cash	0.001	−0.032***	−0.033***
LEV	0.026***	−0.403***	−0.414***
Ind-R	−0.039***	0.016	0.019
Log(Size)	−0.029***	0.019***	0.024***
Mark-d	0.008***	0.028***	0.024*
Indusrty	Yes	Yes	Yes
Year	Yes	Yes	Yes
N	1138	1138	1138
Adj-R²	0.659	0.452	0.671
	（0.099）	（0.045）	（0.047）
F-Statistics	408.682***	126.381***	452.663***

注：***、**、*分别表示在1%、5%、10%置信水平上显著。

基于与进一步检验H3同样的原因，我们选取2009年中国市场化指数（樊纲等，2011）的均值，将全部样本分为制度环境低规范组和高规范组，以进一步检验H4。表5.7中的模型（1）和（4）显示，利他行为总体水平 *Altru* 与代理成本皆呈显著负相关，但模型（4）中 *Altru* 的斜率是模型（1）中相应斜率的1.62倍，说明无论在何种环境下利他行为水平都显著降低了代理成本，但在高规范环境下有着更高的边际效应。模型（2）和（3），（5）和（6）显示，*Altru* 与代理效率皆呈显著正相关，但在高规范环境下的边际效应要更高一些。上述结果印证了表5.6全样本检验中的相应结果，同样拒绝了H4a，与其相反，利他行为总体水平对代理成本的正面效应随着外部环境规范度的提升而提高了。其次，表5.7模型（1）和（4）显示差序结构 *Dif-Seq* 的系数虽然皆为负数，但模型（1）中缺乏显著性，而模型（4）中在1%

置信水平上显著，表明差序结构只有在相对规范的制度环境下才能起到明显的积极效应。类似的，模型（2）和（3），（5）和（6）中 *Dif-Seq* 的系数虽然皆为正数，但只有在模型（5）、（6），即高规范制度环境下才具有显著性，上述检验结果同样拒绝了 H4b，并且进一步发现了与 H4b 截然相反的结论，即差序结构只有在相对规范的制度环境中才会产生正面效应。上述结果一方面可以解读为即使在优良的制度环境中，家族企业或"家族式治理"也具有良好的包容性和竞争力；另一方面可以解读为当前中国的制度环境总体上规范程度还比较低，当制度规范度低至一定水平以下时，即使是家族成员之间的合作行为也难以突破到核心成员以外的范围。家族企业或"家族式"治理通常被视作外部薄弱的制度与法律的一种替代机制，但我们研究进一步发现，这一替代机制本身也需要一定规范度的外部制度环境作为支撑，即使其生命力足够顽强，也很难在极端恶劣的制度土壤中存活下来。

表 5.7　基于外部市场化程度的分类回归分析

变量	低市场化程度			高市场化程度		
	Mana-R （1）	*Turno-R* （2）	*Asseta-R* （3）	*Mana-R* （4）	*Turno-R* （5）	*Asseta-R* （6）
Intercept	0.593***	−0.950***	−0.385***	0.744***	0.055	0.576***
Altru	−0.013***	0.169***	0.131***	−0.021***	0.254***	0.214***
Dif-Seq	−0.005	0.016	0.046	−0.036***	0.337***	0.194***
Altru × Dif-Seq	0.003*	−0.044	−0.043***	0.010**	−0.153***	−0.103***
Dir-Mana	0.016***	−0.043**	−0.031**	0.004	0.145***	0.125***
Cotr/Cash	0.004***	−0.011	−0.000	0.002**	−0.095***	−0.055***
LEV	0.012***	−0.281***	−0.136***	0.022***	−0.786***	−0.409***
Ind-R	0.050**	0.678***	0.532**	−0.019	−1.118***	−0.525***
Log(*Size*)	−0.026***	0.060***	0.033***	−0.029***	0.037***	−0.001
Indusrty	Yes	Yes	Yes	Yes	Yes	Yes

续表

变量	低市场化程度			高市场化程度		
	Mana-R（1）	*Turno-R*（2）	*Asseta-R*（3）	*Mana-R*（4）	*Turno-R*（5）	*Asseta-R*（6）
Year	Yes	Yes	Yes	Yes	Yes	Yes
N	446	368	446	692	547	692
Adj-R²	0.563（0.145）	0.265（0.127）	0.443（0.092）	0.516（0.064）	0.400（0.078）	0.329（0.046）
F-Statistics	103.563***	23.821***	58.435***	219.007***	103.790***	50.598***

注：***、**、*分别表示在1%、5%、10%置信水平上显著。

三、稳健性检验

由于适合担任公司高管的家庭成员的类别、数量乃至整个家族的规模在特定时间段内都是固定不变的，因此模型不存在反向因果关系，理论上基本可以排除利他行为总体水平 *Altru*、差序结构 *Dif-Seq* 的内生性问题。变量的描述性统计表明，*Altru* 和 *Dif-Seq* 都呈现逐年上升趋势，但管理费用率 *Mana-R*、总资产周转率 *Turno-R*、资产利用率 *Asseta-R* 三个变量皆表现出相对频繁的上下波动，一定程度上也说明模型不存在内生性问题；如果以 *Altru* 和 *Dif-Seq* 作为因变量，管理费用率、总资产周转率、资产利用率作为自变量分别进入模型，回归结果发现相应系数均缺乏显著性，进一步支持了上述结论。

为了验证本章结论的稳健性，我们继续进行了如下检验：（1）替换使用家族成员利他行为水平的均值[①]来测度企业中利他行为的数量，结论基本不变；（2）替换使用家族成员之间亲缘关系类型的总数[②]来度量差序格局，结论基本不变；（3）替换使用家族成员（除业主之外）之间的广义亲缘系

[①] 计算公式为：利他行为总体水平 / 公司中家族成员总人数。

[②] 例如，父母、夫妻之间的广义亲缘系数皆为 0.5，如果按照前述方法，两者属于同一序数，而按照亲缘关系的类型来划分，则两者分别属于不同的序数。

数的方差（*VAR*）来度量差序结构，大部分结论不变；（4）使用营业费用率和财务费用率来代替 *Mana-R*，结论基本不变；（5）替换使用经行业调整以后的 *Mana-R*、*Turno-R*、*Asseta-R* 来分别度量代理成本和代理效率，主要结论亦基本不变。因此，总体上我们的结论具有较好的稳健性。

第五节　本章小结

委托代理成本的高低是直接衡量企业治理绩效的重要指标之一，如何降低委托代理成本是公司治理领域的核心命题之一。本章在本土社会学"差序格局"概念的引导下，通过引入改良后的演化生物学汉密尔顿亲缘系数（即广义亲缘系数），分别来衡量亲缘利他行为的水平和结构两个维度的特征，对上市家族企业中亲缘利他行为与委托代理成本之间的关系进行了实证研究。主要结论如下：

家族企业中无论是利他行为的总体水平还是"差序"结构皆与代理成本呈反比，利他行为的差序格局总体上降低了家族经理人的代理成本，家族经理人群体总体上扮演了好"管家"角色，但利他行为的水平和结构在降低代理成本时存在着替代效应。

利他行为水平及"差序"结构对代理成本的影响随着企业内部组织环境的改变而变化，当企业成长至一定阶段后，利他行为水平及"差序"结构对代理成本的积极效应逐步下降，同时消极效应随之逐步上升，在构成企业内部环境的诸要素中"组织扩张"带来的影响最大。

利他行为水平及"差序"结构对代理成本的影响也随着企业外部制度环境的变化而变化，与已有理论研究结论不符，实证研究发现利他行为的差序格局只有在相对规范的制度环境下才能降低代理成本，利他行为对代理成本的积极效应离不开良好外部制度环境的支撑。

本章的贡献主要体现在以下三方面：第一，通过引入并量化本土社会学中的"差序格局"概念，首次同时从数量与结构两个层面对利他行为对代理成本的影响进行了实证研究，而以往文献片面专注于利他行为水平，没有关注利他行为的结构特征。第二，将利他行为的度量从定性（哑变量）阶段推进至定量阶段，在考虑中国当前家庭结构的前提下，我们通过引入经改良后的演化生物学汉密尔顿亲缘系数，精准地度量家族内部的利他行为水平。第三，区别于以往静态研究，本章从企业内部成长阶段和外部制度环境两个方面检验了利他行为对代理成本的动态影响。至此，我们在家族企业领域首次进行了一次涵盖经济学、演化生物学和本土社会学的跨学科研究，从基础理论和度量方法两个方面拓展了家族企业中委托代理问题的研究。

本章结论对当前家族上市公司治理结构的评判与完善具有重要的理论与政策含义。首先，本章从代理成本的视角表明，应当承认当前阶段家族企业总体上仍然具有较强的生命力和适应性，不能片面断论民营企业的"家族式"治理模式是一种落后的组织形式；其次，从家族高管团队的规模和构成角度来说，家族式治理也不存在所谓最优形态，利他行为在企业不同成长阶段会发挥不同的效应，有必要根据企业的发展阶段有序培养、引入和退出家族成员，动态调整和优化治理结构。最后，即使是这类看似原始的治理模式，实际上也离不开良好外部制度环境的支撑，当前提升法律、市场的规范度依然是促进民营经济和家族企业发展的一项任重道远的措施，可以从另一个角度认为，即使在较为规范的外部制度下，家族式治理模式仍然会保持较强的竞争力。

当然，本章研究不可避免地存在如下不足：

首先，对利他行为及相应的差序格局的度量仍然存在一定程度的瑕疵。由于原始资料的限制，我们仅仅以亲缘关系的远近来衡量家族成员内部的利他行为水平，然而，亲缘关系的远近并不等于亲缘关系的亲疏，两个亲缘关系上较近但实际交往上较生疏的家族成员内部的利他水平，不一定比两个亲缘关系上较远但实际交往上较密切的家族成员更高。

其次，家族企业内部的利他行为是一个融合亲缘利他行为、互惠利他行为的综合体。同样局限于原始资料的可得性，我们仅探究了企业中家族成员之间的亲缘利他行为，对泛家族成员（干亲）、朋友、创业伙伴之间的互惠利他行为有待后续进一步研究。对利他行为研究的上述瑕疵，进一步限制了对差序格局的研究。

最后，本章仅分析了利他行为对业主与家族经理人之间代理关系（即第一重代理关系）的影响，限于篇幅，没有研究利他行为在控制性家族与外部中小股东之间的代理关系（即第二重代理关系）中扮演了何种角色，因而利他行为对双重代理问题的综合影响有待进一步研究。

第六章　差序格局、利他行为与
上市家族企业的智力资本

　　智力资本（intellectual capital）越来越成为衡量企业治理水平的一个重要指标。随着信息技术和数字经济的快速发展，智力资本正在加快取代物质资本成为核心竞争力的最为关键的要素，变得日益引人瞩目。目前，大量实证研究表明智力资本对企业绩效具有积极作用（Nuryaman, 2015；孙善林等，2017），孙羡（2012）等亦指出智力资本对企业成长有显著的正向影响效应。但是，鲜有学者对影响企业智力资本形成的因素进行实证分析，导致这一研究链条的最前端问题，却成为整个研究链条上最为薄弱的一环。企业治理结构显然是一个影响智力资本水平的重要因素，家族成员在所有权、管理权等层面涉入企业及由此产生的差序格局权力分配结构，成为当前我国民营企业治理结构的一个主要特征。家族成员涉入企业除了能够增强家族对企业战略和经营的影响（La Porta et al., 1999；连燕玲等，2016）之外，家族成员之间普遍发生的利他行为，以及不同家族成员个体在社会关系网络方面所具有的异质性，以及在知识结构上的互补性和在思维方式上的差异性，必然都会直接或间接地通过影响企业资源，进而最终影响到企业智力资本的形成。

　　本章拟填补研究链条上这一最为薄弱的环节，仍然在采用第五章引入的改良后的演化生物学汉密尔顿亲缘系数，即我们所称作的广义亲缘系数基础上，进一步采用了两种不同方法来测度费孝通（1947）提出的差序格局。从另外一个视角看，家族成员涉入企业及由此产生的差序格局也可以视作家族最终控制人强化对企业控制的一个方式或特征，与此同时，家族最终控制人为了强化控制权，也可能采取金字塔式控股、复式投票权、交叉持股等方式，其中金字塔式控股结构为当前国内上市家族企业所普遍采用，这类强化控制权方式往往伴随着控制权和现金流权的分离（叶长兵，2009；唐建荣、朱婷娇，2018）。因此，本章也可以看作是从家族强化对企业控制的视角出发，就"家族成员涉入企业""控制权和现金流权分离"这两类常见的强化控制权方式与企业智力资本水平之间的关系进行实证研究，并在此基础上，进一步检验了两者在影响企业智力资本水平中可能产生的交互效应。最后，本章从企业治理结构的视角，对提升上市家族企业智力资本水平提出了可行建议。

第一节　家族企业智力资本的影响因素分析

就企业智力资本的构成而言，国内外研究者持有不同观点，主要包括二元论、三元论等。持二元论观点者认为，智力资本主要是由人力资本和结构资本所构成（Edvinsson et al., 1996；赫国胜、耿丽平，2020）。持三元论观点者认为，智力资本是由人力资本、结构资本和关系资本构成[①]，此种分类及应用亦最为广泛（李连燕、王伟红，2019；马行天、曹涵，2019）。此外也有少数其他观点，如马宁和姬新龙（2019）将智力资本划分为人力资本、结构资本、创新资本和社会资本四个维度。虽然研究者们对智力资本的理解和划分不尽相同，但大部分都建立在企业资源观的基础之上。就家族企业而言，因为家族成员涉入企业而带来的利他行为，以及由此产生的权力分配的差序格局作为企业治理结构的一个典型特征，能够直接或间接地通过影响企业资源，进而最终影响智力资本的形成。

我们进一步认为，亲缘利他行为在家族企业智力资本形成过程中的作用主要体现在家族成员的数量，而非取决于总的汉密尔顿亲缘系数的高低。因

[①]　结构资本涉及组织的机制和结构，包括知识产权（如专利、版权和商标等）和基础设施资产（如企业文化、管理流程、信息系统和网络系统等）（李连燕等，2019）。

为较高的汉密尔顿亲缘系数可能是企业中的家族成员数量少但与终极控制人亲缘关系近的结果，也可能是家族成员数量多但与终极控制人亲缘关系远近不一的结果。因此，本章采用涉入企业的家族成员的数量来度量家族企业中利他行为的水平，而没有像第五章一样采用改良后的汉密尔顿亲缘系数来度量利他行为的水平，并不是因为这一方法比较直观，原因在于在企业持股或担任高管的家族成员人数越多，个人求学经历、就业履历、私人关系网络的差异性一般就越大，在利他行为支配下，为企业带来各种资源的可能性就越大。此外，家族成员涉入企业的数量越多，控制性家族与企业之间的关联越密切，就越有可能倾向于追求长期利益而非偏好于攫取短期的控制权私利，越有利于增加对企业智力资本的关注和投入。综上两个方面，采用这一相对比较原始的度量方法，却比改良后的汉密尔顿亲缘系数更加能够反映出家族成员的利他行为在企业智力资本形成机制中扮演的角色和发挥的作用。

其次，正如我们在第五章已经指出的，已有相关研究一般都是从家族成员数量的维度，例如担任高管的家族成员人数、家族成员占高管比例等来度量利他行为水平（王明琳等，2006；陈建林，2012），而忽视了对利他行为的结构进行研究，本章继续从水平和结构两个方面来对企业中的利他行为进行较精确和立体化的测度。就利他行为的结构而言，国外家族企业的研究由于受帕森斯式"孤立的核心家庭"观点的影响（Parsons，1943），其"家族"一词往往指核心和近亲家庭，而没有注意到华人社会中"家"具有典型的差序格局特征。费孝通（1947）提出"差序格局"的概念，将之描述为"以'己'为中心，像石子一般投入水中，……一圈圈推出去，愈推愈远，也愈推愈薄"。郑伯埙（1995）也认同"中国传统的社会结构是一种具同心圆波纹性质的差序格局"。华人社会结构的差序格局特征使国内学者的视野不再局限于核心家庭及与核心家庭相伴随的同序结构，开始突破以往研究中家族成员与普通员工之间的简单两分法，拓展至华人家族的差序结构特征之中。与同序结构相比，差序格局和涉入企业中的家族成员数量没有一一对应的必然关系，而是强调了家族成员的异质性。差序格局越复杂，往往意味着家族员工间的亲缘关系种类越多，个人在知识结构、思维方式等方面的差异就会增大，家族成员的社会资源网络与作为企业核心节点的企业主的社会资源网络相互重叠程度也会越小，企业能够获得更多异质性资源，从而有利于企业提高智力资本水平。根据以上论述，我们得到研究假设1。

H1a：利他行为水平与企业智力资本水平正相关。

H1b：差序格局与企业智力资本水平正相关。

控制权与现金流权的分离是公司治理中终极所有权结构的核心问题。控制权通常表现为投票权，金字塔式控股可造成终极控制人所获公司控制权与其实际投入的资金不匹配，控制权被放大，两权分离程度越大的企业往往价值越低（Marchica et al.，2005；卢馨等，2019）。胡道勇和裴平（2012）指出，两权分离程度越大，则控制人越倾向于实施侵占上市公司资源的隧道行为。梅波（2013）经实证研究发现，控制权和现金流权分离程度越小，则研发费用投入越大。刘玉龙等（2014）认为虚拟经济主体加剧了金字塔结构的复杂度，利用金字塔控股攫取控制权私人收益。控制权与现金流权的分离程度越大，大股东侵占行为所得的收益越有可能高于正常收益，控制性家族掠夺中小股东利益的动机就会越强烈，对企业长期可持续成长及与之密切相关的智力资本的关注和投入会相应减弱。可见，控制权和现金流权分离会通过影响企业的战略目标、经营模式等途径作用于企业智力资本，由此得到研究假设2。

H2：控制权和现金流权的分离与企业智力资本水平负相关。

最后，家族成员的差序格局还使内部产生一定的利益及权力制衡。由于实际控制人追求控制权私利并且契约不完全，在公司治理结构中如何形成有效的权力约束与制衡成为非常关键的命题（Hart，2001），而这种权力的约束与制衡同时来自家族外部和内部。阎云翔（2006）强调差序格局是一个立体的结构，既包含横向的弹性的以自我为中心的"差"，也包含纵向的刚性的等级化的"序"，体现在企业中往往就是家族成员因远近亲疏得到不同地位与待遇。亲缘关系越远的家族成员与企业主之间的利益纽带、情感纽带越弱，在利益取向和行为选择上与实际控制人及核心家庭成员存在显著差别。较为复杂的差序格局的存在，使企业主及核心家庭成员即便在控制权与现金流权分离较大的情况下亦有较多顾虑和约束，抑制其攫取短期控制权私利行为，甚至促使其转为追求中长期利益，企业资源投资和积累的策略亦会相应地发生转变，最终影响到企业的智力资本水平。因此，差序格局与两权分离程度之间会发生交互效应，差序格局会对两权分离与企业智力资本之间的关系产生调节作用。基于此，我们得到研究假设3。

H3：差序格局有利于降低控制权与现金流权分离对企业智力资本的负面影响。

第二节　理论分析与假设提出

一、样本选择与数据来源

《福布斯》中文版 2013 年发布的"中国现代家族企业调查报告"指出，A 股上市的家族企业多集中传统的制造业，实业依然是诸多民营企业家引以为豪的立足基础。据此，本章拟以制造业上市家族企业为样本，围绕家族控制与企业智力资本展开实证研究，以期为当前民营企业从治理结构的角度提升智力资本水平，进而为实现可持续成长提供更为广阔的思路。本章以 2009—2010 年 A 股市场中的上市家族企业为样本，选择制造业这一传统行业进行分析。要求样本公司最终的实际控制人能追溯到某一家族或自然人，且包括实际控制人在内有两名及以上具有亲缘关系（包括血亲或姻亲关系）的家族成员直接或者间接持股或担任上市公司高管。若企业中只有一名家族成员，则并不能形成差序格局，无法满足本书的需要。我们主要从 CSMAR 系列数据库获取上市公司的数据，将相关数据与上市公司年报进行比较印证，并从年报、公告中获取相应信息。

为的综合体。同样局限于原始资料的可得性，我们仅探究了企业中家族成员之间的亲缘利他行为，对泛家族成员（干亲）、朋友、创业伙伴之间的互惠利他行为有待后续进一步研究。对利他行为研究的上述瑕疵，进一步限制了对差序格局的研究。

最后，本章仅分析了利他行为对业主与家族经理人之间代理关系（即第一重代理关系）的影响，限于篇幅，没有研究利他行为在控制性家族与外部中小股东之间的代理关系（即第二重代理关系）中扮演了何种角色，因而利他行为对双重代理问题的综合影响有待进一步研究。

第六章　差序格局、利他行为与上市家族企业的智力资本

智力资本（intellectual capital）越来越成为衡量企业治理水平的一个重要指标。随着信息技术和数字经济的快速发展，智力资本正在加快取代物质资本成为核心竞争力的最为关键的要素，变得日益引人瞩目。目前，大量实证研究表明智力资本对企业绩效具有积极作用（Nuryaman，2015；孙善林等，2017），孙羡（2012）等亦指出智力资本对企业成长有显著的正向影响效应。但是，鲜有学者对影响企业智力资本形成的因素进行实证分析，导致这一研究链条的最前端问题，却成为整个研究链条上最为薄弱的一环。企业治理结构显然是一个影响智力资本水平的重要因素，家族成员在所有权、管理权等层面涉入企业及由此产生的差序格局权力分配结构，成为当前我国民营企业治理结构的一个主要特征。家族成员涉入企业除了能够增强家族对企业战略和经营的影响（La Porta et al.，1999；连燕玲等，2016）之外，家族成员之间普遍发生的利他行为，以及不同家族成员个体在社会关系网络方面所具有的异质性，以及在知识结构上的互补性和在思维方式上的差异性，必然都会直接或间接地通过影响企业资源，进而最终影响到企业智力资本的形成。

本章拟填补研究链条上这一最为薄弱的环节，仍然在采用第五章引入的改良后的演化生物学汉密尔顿亲缘系数，即我们所称作的广义亲缘系数基础上，进一步采用了两种不同方法来测度费孝通（1947）提出的差序格局。从另外一个视角看，家族成员涉入企业及由此产生的差序格局也可以视作家族

最终控制人强化对企业控制的一个方式或特征，与此同时，家族最终控制人为了强化控制权，也可能采取金字塔式控股、复式投票权、交叉持股等方式，其中金字塔式控股结构为当前国内上市家族企业所普遍采用，这类强化控制权方式往往伴随着控制权和现金流权的分离（叶长兵，2009；唐建荣、朱婷娇，2018）。因此，本章也可以看作是从家族强化对企业控制的视角出发，就"家族成员涉入企业""控制权和现金流权分离"这两类常见的强化控制权方式与企业智力资本水平之间的关系进行实证研究，并在此基础上，进一步检验了两者在影响企业智力资本水平中可能产生的交互效应。最后，本章从企业治理结构的视角，对提升上市家族企业智力资本水平提出了可行建议。

第一节　家族企业智力资本的影响因素分析

就企业智力资本的构成而言，国内外研究者持有不同观点，主要包括二元论、三元论等。持二元论观点者认为，智力资本主要是由人力资本和结构资本所构成（Edvinsson et al., 1996；赫国胜、耿丽平，2020）。持三元论观点者认为，智力资本是由人力资本、结构资本和关系资本构成[1]，此种分类及应用亦最为广泛（李连燕、王伟红，2019；马行天、曹涵，2019）。此外也有少数其他观点，如马宁和姬新龙（2019）将智力资本划分为人力资本、结构资本、创新资本和社会资本四个维度。虽然研究者们对智力资本的理解和划分不尽相同，但大部分都建立在企业资源观的基础之上。就家族企业而言，因为家族成员涉入企业而带来的利他行为，以及由此产生的权力分配的差序格局作为企业治理结构的一个典型特征，能够直接或间接地通过影响企业资源，进而最终影响智力资本的形成。

我们进一步认为，亲缘利他行为在家族企业智力资本形成过程中的作用主要体现在家族成员的数量，而非取决于总的汉密尔顿亲缘系数的高低。因

---

[1]　结构资本涉及组织的机制和结构，包括知识产权（如专利、版权和商标等）和基础设施资产（如企业文化、管理流程、信息系统和网络系统等）（李连燕等，2019）。

为较高的汉密尔顿亲缘系数可能是企业中的家族成员数量少但与终极控制人亲缘关系近的结果，也可能是家族成员数量多但与终极控制人亲缘关系远近不一的结果。因此，本章采用涉入企业的家族成员的数量来度量家族企业中利他行为的水平，而没有像第五章一样采用改良后的汉密尔顿亲缘系数来度量利他行为的水平，并不是因为这一方法比较直观，原因在于在企业持股或担任高管的家族成员人数越多，个人求学经历、就业履历、私人关系网络的差异性一般就越大，在利他行为支配下，为企业带来各种资源的可能性就越大。此外，家族成员涉入企业的数量越多，控制性家族与企业之间的关联越密切，就越有可能倾向于追求长期利益而非偏好于攫取短期的控制权私利，越有利于增加对企业智力资本的关注和投入。综上两个方面，采用这一相对比较原始的度量方法，却比改良后的汉密尔顿亲缘系数更加能够反映出家族成员的利他行为在企业智力资本形成机制中扮演的角色和发挥的作用。

其次，正如我们在第五章已经指出的，已有相关研究一般都是从家族成员数量的维度，例如担任高管的家族成员人数、家族成员占高管比例等来度量利他行为水平（王明琳等，2006；陈建林，2012），而忽视了对利他行为的结构进行研究，本章继续从水平和结构两个方面来对企业中的利他行为进行较精确和立体化的测度。就利他行为的结构而言，国外家族企业的研究由于受帕森斯式"孤立的核心家庭"观点的影响（Parsons，1943），其"家族"一词往往指核心和近亲家庭，而没有注意到华人社会中"家"具有典型的差序格局特征。费孝通（1947）提出"差序格局"的概念，将之描述为"以'己'为中心，像石子一般投入水中，……一圈圈推出去，愈推愈远，也愈推愈薄"。郑伯埙（1995）也认同"中国传统的社会结构是一种具同心圆波纹性质的差序格局"。华人社会结构的差序格局特征使国内学者的视野不再局限于核心家庭及与核心家庭相伴随的同序结构，开始突破以往研究中家族成员与普通员工之间的简单两分法，拓展至华人家族的差序结构特征之中。与同序结构相比，差序格局和涉入企业中的家族成员数量没有一一对应的必然关系，而是强调了家族成员的异质性。差序格局越复杂，往往意味着家族员工间的亲缘关系种类越多，个人在知识结构、思维方式等方面的差异就会增大，家族成员的社会资源网络与作为企业核心节点的企业主的社会资源网络相互重叠程度也会越小，企业能够获得更多异质性资源，从而有利于企业提高智力资本水平。根据以上论述，我们得到研究假设1。

H1a：利他行为水平与企业智力资本水平正相关。

H1b：差序格局与企业智力资本水平正相关。

控制权与现金流权的分离是公司治理中终极所有权结构的核心问题。控制权通常表现为投票权，金字塔式控股可造成终极控制人所获公司控制权与其实际投入的资金不匹配，控制权被放大，两权分离程度越大的企业往往价值越低（Marchica et al.，2005；卢馨等，2019）。胡道勇和裴平（2012）指出，两权分离程度越大，则控制人越倾向于实施侵占上市公司资源的隧道行为。梅波（2013）经实证研究发现，控制权和现金流权分离程度越小，则研发费用投入越大。刘玉龙等（2014）认为虚拟经济主体加剧了金字塔结构的复杂度，利用金字塔控股攫取控制权私人收益。控制权与现金流权的分离程度越大，大股东侵占行为所得的收益越有可能高于正常收益，控制性家族掠夺中小股东利益的动机就会越强烈，对企业长期可持续成长及与之密切相关的智力资本的关注和投入会相应减弱。可见，控制权和现金流权分离会通过影响企业的战略目标、经营模式等途径作用于企业智力资本，由此得到研究假设2。

H2：控制权和现金流权的分离与企业智力资本水平负相关。

最后，家族成员的差序格局还使内部产生一定的利益及权力制衡。由于实际控制人追求控制权私利并且契约不完全，在公司治理结构中如何形成有效的权力约束与制衡成为非常关键的命题（Hart，2001），而这种权力的约束与制衡同时来自家族外部和内部。阎云翔（2006）强调差序格局是一个立体的结构，既包含横向的弹性的以自我为中心的"差"，也包含纵向的刚性的等级化的"序"，体现在企业中往往就是家族成员因远近亲疏得到不同地位与待遇。亲缘关系越远的家族成员与企业主之间的利益纽带、情感纽带越弱，在利益取向和行为选择上与实际控制人及核心家庭成员存在显著差别。较为复杂的差序格局的存在，使企业主及核心家庭成员即便在控制权与现金流权分离较大的情况下亦有较多顾虑和约束，抑制其攫取短期控制权私利行为，甚至促使其转为追求中长期利益，企业资源投资和积累的策略亦会相应地发生转变，最终影响到企业的智力资本水平。因此，差序格局与两权分离程度之间会发生交互效应，差序格局会对两权分离与企业智力资本之间的关系产生调节作用。基于此，我们得到研究假设 3。

H3：差序格局有利于降低控制权与现金流权分离对企业智力资本的负面影响。

第二节　理论分析与假设提出

一、样本选择与数据来源

《福布斯》中文版 2013 年发布的"中国现代家族企业调查报告"指出，A 股上市的家族企业多集中传统的制造业，实业依然是诸多民营企业家引以为豪的立足基础。据此，本章拟以制造业上市家族企业为样本，围绕家族控制与企业智力资本展开实证研究，以期为当前民营企业从治理结构的角度提升智力资本水平，进而为实现可持续成长提供更为广阔的思路。本章以 2009—2010 年 A 股市场中的上市家族企业为样本，选择制造业这一传统行业进行分析。要求样本公司最终的实际控制人能追溯到某一家族或自然人，且包括实际控制人在内有两名及以上具有亲缘关系（包括血亲或姻亲关系）的家族成员直接或者间接持股或担任上市公司高管。若企业中只有一名家族成员，则并不能形成差序格局，无法满足本书的需要。我们主要从 CSMAR 系列数据库获取上市公司的数据，将相关数据与上市公司年报进行比较印证，并从年报、公告中获取相应信息。

二、变量定义及描述

根据前述研究假设,本书采用以下基本回归模型。

（一）因变量

现有文献多采用 VAIC（Value Added Intellectual Coefficient，智力资本增值系数）法对企业的智力资本进行度量，VAIC 法主要由学者安特·帕布利克（Ante Public）提出，基于企业价值增加的角度从物质资本效率系数（CEE）、人力资本效率系数（HCE）和结构资本效率系数（SCE）三方面来综合评价企业的智力资本，即 $VAIC=CEE+HCE+SCE$。其中，$CEE=VA/CE$，VA 表示企业增值，CE 代表公司净资产账面价值。VA 有多种算法，考虑到数据的可获性，本章参考李嘉明、黎富兵（2004）和冉秋红、周宁慧（2018）的算法，$VA=PTP+PC+I$，PTP 为税前利润，PC 代表员工总费用，I 为利息费用。此外，$HCE=VA/HC$，HC 代表企业人力资本投资额。$SCE=SC/VA$，其中 $SC=VA-HC$。我们将计算得到的 $VAIC$ 值作为本章研究的因变量 IC。

（二）解释变量

我们采用涉足企业的家族成员的数量来度量家族企业中利他行为的水平，家族成员数量即直接或者间接持有上市公司股份的，以及担任董事、经理等高管职务的家族成员人数（FN）。涉足企业的家族成员结构主要体现为以企业主为中心的差序格局，分别从家族成员的差序数（XU）及亲缘系数的方差（VAR）两个角度进行测度。

为了度量家族成员之间的差序格局，我们继续引入演化生物学的汉密尔顿亲缘系数来衡量个体之间的亲缘关系，亲缘系数指的是亲属的基因来自共同祖先的概率（刘鹤玲等，2007）。在此基础上，由于夫妻之间同属于核心家庭，夫妻内部的利他行为水平无疑显著高于近亲家族成员，同时我国的《民法典》也明确规定夫妻在家庭中地位平等。因此，我们将夫妻之间的亲缘系数和其他任意两个核心家庭成员（父子、母子或兄弟姐妹）一样设定为0.5（王明琳等，2014），以此为中介系数，再根据姻亲方某一血亲家族成员与姻亲方之间的汉密尔顿系数，可以计算出这一姻亲方家族成员与业主之间的广义亲缘系数。我们以此类推，通过对演化生物学的亲缘系数进行拓展，可以计算出所有具有间接姻亲关系个体的广义亲缘系数（简称亲缘系数，下同）。下面以沃尔核材（002130）为例，对亲缘系数与差序数进行计算（见图6.1）。沃尔核材的控制人为周和平，另有7位家族成员进入公司，分别是妻子邱丽敏和3个兄弟周文河、周合理、周红旗，妻子的兄弟邱宝军，以及妻子的妹夫石旭东和宋伯学。对于控制人而言，妻子和兄弟的亲缘系数均为0.5，妻子的兄弟的系数为 $0.5 \times 0.5 = 0.25$，妻子的妹夫的系数为 $0.5 \times 0.5 \times 0.5 = 0.125$。7位家族成员分别处在第1至3个同心圆上，差序总数为3。从而，差序数 XU 的取值根据亲缘系数大小决定，VAR通过计算各家族成员亲缘系数的方差不难得到。企业中有较多数量的家族员工并不意味着其内部就具有较复杂的差序格局，典型的如美锦能源（000723）有9位家族成员涉足企业，但差序数仅为1。亲缘关系相关信息主要是从上市公司历年的年报、公告中获取的。我们同时通过查阅报纸杂志及借助网络搜索引擎，逐一确定最终控制人与年报中"董事、监事和高级管理人员基本情况"一栏出现过的高管之间的亲缘关系。

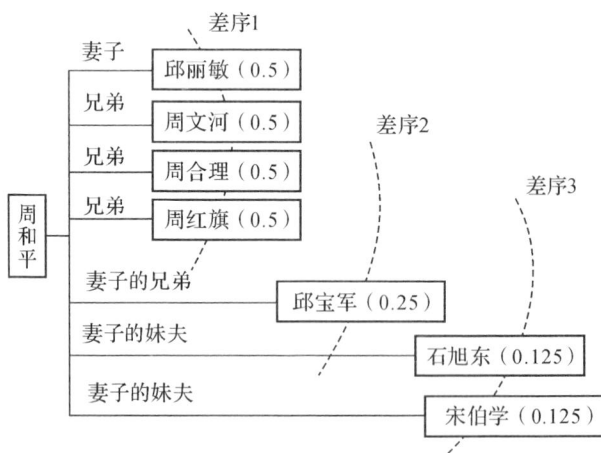

图6.1　周和平家族亲缘系数与差序数

注：括号中为广义亲缘系数。

此外，本章以终极控制人的控制权除以现金流权的比率来度量两权分离程度（*CC*），该数值越大说明两权分离度越大，控制权与现金流权根据 La Porta 等（1999）的方法计算得到。

（三）控制变量

除以上解释变量外，还有一些可能影响企业智力资本的因素，我们将它们作为控制变量。回归模型中加入了独立董事比例（*INDRA*）和企业规模（*SIZE*），前者即独立董事人数与董事会总人数的比值，后者根据公司资产账面值的自然对数进行衡量，为突出企业的规模特点，按四分位数生成分类变量，依照规模从小到大赋值 0、1、2、3。同时，我们对员工人数（*EMNUM*）和上市时间（*OLD*）进行控制，还引入了被广泛采用的市场化指数来衡量企业所处外部制度环境，当市场化指数大于等于中值时 *ENVIR* 为 1，否则为 0（樊纲等，2011）。考虑到外部制度环境的相对稳定性及其对企业智力资本影响的滞后性，同时为减少可能的内生性问题，分别采用前一年的市场化数据。最后，本章样本涉及两个年度，因此在模型中加入年度虚拟变量 *YEAR*。

第三节 实证结果与分析

各主要变量描述性统计的结果如表 6.1 所示。

表 6.1 主要变量描述性统计

变 量	样本数	均 值	最小值	最大值	标准差
智力资本（*IC*）	309	5.1358	0.0685	34.6207	3.5351
两权分离系数（*CC*）	309	1.3793	1	6.3578	0.6765
家族成员数量（*FN*）	309	3.1489	2	16	1.5491
差序数（*XU*）	309	1.3689	1	5	0.6188
亲缘系数方差（*VAR*）	309	0.0092	0	0.125	0.0174
独董比例（*INDRA*）	309	0.3682	0.3333	0.5714	0.0452

续表

变 量	样本数	均 值	最小值	最大值	标准差
企业员工人数（EMNUM）	309	3053.984	13	64116	5655.75
企业规模（SIZE）	309	1.5016	0	3	1.1242
上市时间（OLD）	309	5.2977	1	19	4.7696
制度环境（ENVIR）	309	0.5307	0	1	0.4999
年度虚拟变量（YEAR）	309	0.6990	0	1	0.4594

从表 6.1 我们可以发现，样本公司智力资本的均值约为 5.1，标准差较高，说明各样本之间存在较大的差距。控制权和现金流权的分离系数均值约为 1.4，说明总体而言两权分离的问题并不是很严重，但亦不乏两权分离系数超过 6 的上市公司。涉入企业的家族成员数量均值约为 3.1 人，差序数均值约为 1.4，总体而言，进入公司的家族成员大多是与企业主亲缘关系较近的家族成员，但亦不乏差序数为 5 的情况。

此外，我们用相关度分析证实了度量差序格局的两个变量 XU、VAR 之间具有良好的正相关性。多重共线性检验结果显示自变量的 VIF 值均远小于 10，不存在多重共线性问题。为了避免数据异常[?]，续变量在 1% 的水平上进行了缩尾处理。表 6.2 显示了变量 XU 和 VAR 分别进入模型回归时所得到的结果，为消除可能存在的异方差问题，回归结果都经过了 Huber/White/sandwich 稳健标准误差调整。

表 6.2　家族控制与企业智力资本回归分析

变 量	模型 1	模型 2
CC	−0.4926*（0.2896）	−0.5614*（0.2969）
FN	−0.0999（0.1162）	−0.0334（0.0978）
XU	0.6958*（0.4177）	

续表

变 量	模型 1	模型 2
VAR		26.8751^{**}（12.1249）
INDRA	−5.0152（4.2938）	−5.5546（4.3473）
EMNUM	−0.0000（0.0001）	−0.0000（0.0001）
SIZE	0.8808^{***}（0.2016）	0.9057^{***}（0.2009）
OLD	0.0144（0.0381）	0.0141（0.0384）
ENVIR	−0.5060（0.3498）	−0.5146（0.3495）
YEAR	−0.1609（0.3751）	−0.1707（0.3768）
Intercept	6.0043^{***}（1.8476）	6.7738^{***}（1.8802）
N	309	309
R^2	0.1087	0.1143

注：括号内为标准误差；***代表在 1% 的水平上显著，**代表在 5% 的水平上显著，*代表在 10% 的水平上显著。

从表 6.2 的样本回归结果看，企业中利他行为水平数值即家族成员数量（FN）对于智力资本水平而言没有显著的影响，并非家族成员数量多企业智力资本水平就高，不支持研究假设 H1a。如果涉入企业的家族成员局限于核心家庭，由于彼此之间日常生活中接触密切，他们带给企业的资源会产生较大的相似性，例如出现关系网络重叠现象。此时家族成员数量再大，所涉及的利他行为水平再高，对于企业智力资本而言意义也不大。

目前国内学者对差序格局相关研究以纯理论分析为主，仅有少数学者如贺小刚等（2010）、王明琳等（2014）、胡宁（2016）进行了定量研究，但皆没有涉及企业智力资本问题，且大多数学者采用虚拟变量研究。因此，本章对差序格局进行定量研究是对已有文献的有益补充。就本章度量差序格局的两个变量而言，XU 和 VAR 的回归系数均为正，且分别在 10% 和 5% 的置信水平上显著，家族成员差序格局与企业智力资本水平之间呈现正相关关系，对提升智力资本水平具有积极作用。这一结果支持了研究假设 H1b，异质性的家族成员带来的差异化的知识结构、思维方式和网络渠道提升了企业智力资本水平。我们依次采用了两个变量测度差序格局并分别进行回归，最终得出了一致的结果，说明研究结论具有良好的稳健性。

从表 6.2 还可以发现，变量 CC 的回归系数均为负，并且在 10% 的置信水平上显著，说明随着控制权与现金流权的分离程度增大，上市家族企业智力资本会趋于更低的水平，这一结果支持了研究假设 H2，即控制权和现金流权的分离确实与上市家族企业智力资本水平呈现负相关关系。

就其他变量而言，$SIZE$ 的系数在模型 1 和模型 2 中均为正，并且在 1% 的水平上显著，从而企业规模与智力资本水平之间存在显著的正相关关系，其原因可能在于企业规模越大就越有能力进行智力资本投资，如提高员工素质、加强技术研发及管理创新活动等。样本企业独立董事比例、员工人数、上市时间及外部制度环境则对于企业智力资本均无显著影响。总体而言，无论回归系数正负方向还是显著性水平，表 6.2 中的两个模型显示的结果均较为一致。

由上可知，虽然利他行为水平即家族成员数量没有显著作用，但家族成员的差序格局对上市家族企业的智力资本水平产生了积极影响，我们进一步在模型中加入变量 XU 与 CC 的交互项，探讨两权分离与差序格局两者之间是否存在一定的交互效应。为避免共线性问题，交互项已进行中心化处理，回归结果如表 6.3 所示。

表 6.3　交互效应回归分析

变　量	交互性	稳健标准差	t	$P>|t|$
CC	−0.4846	0.2769	−1.75	0.081
$CC \times XU$	0.6231	0.3619	1.72	0.086
XU	0.7194	0.4143	1.74	0.084
FN	−0.0935	0.1153	−0.81	0.418

续表

变　量	交互性	稳健标准差	t	$P>|t|$
INDRA	−5.1949	4.3249	−1.20	0.231
EMNUM	−0.0000	0.0001	−0.22	0.822
SIZE	0.8672	0.2043	4.24	0.000
OLD	0.0112	0.0379	0.30	0.767
ENVIR	−0.5160	0.3502	−1.47	0.142
YEAR	−0.1556	0.3756	−0.41	0.679
Intercept	6.0275	1.8532	3.25	0.001
N	309			
R^2	0.1134			

　　表 6.3 的回归结果显示，加入 *XU* 与 *CC* 的交互项之后，各变量的显著性水平并没有发生大的变化。*XU* 的系数为正，*CC* 的系数为负，两者均在 10% 的水平上显著。交互项 *CC* × *XU* 的系数为正，亦在 10% 的水平上显著。这一结果支持了研究假设 H3，说明两者确实存在交互效应，即在差序格局较为复杂的上市家族企业中，控制权和现金流权分离对企业智力资本的负面影响会受到一定程度的抑制。控制权和现金流权的分离程度越大，大股东采取掏空行为、侵占中小股东利益的动机越强，对于企业长远发展的关注和投入越少，从而对智力资本具有显著的负面效应。而家族成员的差序格局会产生一定的制衡作用，即便是在控制权与现金流权存在较大偏离的情况下，也会使企业实际控制人在不同程度上心生忌惮，促使企业主倾向于追求家族和企业的长期利益，而非攫取短期的控制权私利，引发企业战略目标和经营模式变化，进而最终对企业智力资本产生影响，使两权分离的负面效应降低了。

　　以往研究者们虽然已经发现家族等终极控制人为了强化控制权，可能采取家族成员涉入企业、金字塔式控股、复式投票权等多种方式（La Porta et al.，1999；叶长兵，2009），但很少注意到各种方式相互之间的关系，它们对于企业经营发展的影响是彼此不相关还是存在交互效应？这种交互效应具体是互相促进还是此消彼长？一系列的问题都有待挖掘。本章在这一领域展开了探索性研究，经实证分析发现"家族成员涉入企业""控制权和现金流权分离"这两类家族强化控制权的常见方式在各自影响企业智力资本的同时，确实存在着一种此消彼长的交互效应，将这一效应纳入考虑有助于我们更好地理解企业的实际运作机理。此外，从这一研究结果也可以发现，非家族成员与家族成员的简单二分法将远近亲疏不同的家族成员混为一谈，容易在研究中产生遗漏和偏差。为了系统分析家族治理对企业治理与绩效的影响，涉入企业的家族成员的差序格局应受到更多重视。

第四节　本章小结

本章从智力资本视角来衡量上市家族企业的治理绩效。在技术迭代加速进行和数字经济时代加速到来的大背景下，企业智力资本对其获取和维系竞争优势的重要性越来越凸显。本章以制造业上市家族企业为样本，继续采用改良后的演化生物学汉密尔顿亲缘系数（即广义亲缘系数），实证研究发现家族成员的数量并不能显著提升企业智力资本，但是，家族成员的差序格局与企业智力资本水平呈现显著正相关关系。进一步的实证研究发现，家族成员差序格局与控制权和现金流权分离之间存在交互效应，家族成员的差序格局能显著地降低两权分离对企业智力资本造成的负面影响。从另一个角度而言，本章也可以视作对"家族成员涉入企业"和"控制权和现金流权分离"这两类常见的控制权强化方式与企业智力资本之间的关系展开实证研究，并进一步研究了不同控制权强化方式之间的交互作用，而这一领域恰恰是被以往研究所忽视的。

针对家族企业如何增加智力资本及提升竞争优势，本章研究结果可以从完善企业治理结构的视角得到以下两点启示：

一是对那些家族员工全部或者主要由核心家庭成员构成的家族企业而言，从长期来看发展并不乐观，加快引进异质性家族成员乃至社会职业经理人，提升企业核心人员在知识结构、思维方式和社会关系网络等方面的互补性，是当前企业实现可持续发展的一条可选路径。

二是我国上市家族企业须适当提高终极控制人的现金流权，以减少控制权与现金流权的分离程度，这需要包括实际控制人、家族成员、机构投资者及政府监管部门和其他利益相关者的共同努力。

第七章　差序格局、内部化水平与
上市家族企业的创新活动

　　创新活动是企业最重要的战略行为之一，在一定程度上，也可以作为评判企业治理水平高低的一个指标或维度。本章进一步拓展了实证研究中差序格局所囊括的人际关系的种类，在本书的第四章到第六章中，以实际控制人为中心的差序格局仅仅涵盖了血亲和姻亲两类具有亲缘关系的家族成员，没有包括泛家族成员，所描述的差序格局显然不够全面和完整。如第二章所指出的，形成和推动华人社会差序格局的除了亲子和同胞、姻缘等亲属关系，还包括地缘、学缘、业缘等（费孝通，1947）。由于浓厚的"泛家族主义"盛行（杨国枢，1988，1998；黄光国，1993），华人社会中"家"的边界具有一定伸缩性，非家族成员可以通过"拜把子""认干亲"等方式转化为泛家族成员。在华人家族企业中，非家族成员通过内部晋升担任董事长、总经理等核心高管职务，往往是与实际控制人长期共同打拼的创业元老，或者关系紧密的亲信、老乡和同学等，虽然没有血亲和姻亲关系，但在不同程度上成为实际控制人的泛家族成员，两者之间在一定程度上也存在利他行为，从而总体上更为靠近以实际控制人为中心的"差序格局"的内圈，也可以称之为内部人。

　　基于此，本章所测度的差序格局既包括了具有血亲和姻亲关系的家族成员，也包括了没有亲缘关系的泛家族成员。由于没有亲缘关系的泛家族成员进入本章实证研究，改良后的演化生物学领域的汉密尔顿亲缘系数失去了适用性，因此，本章使用了多种虚拟变量来度量个体成员在差序格局中所处的位置。相应地，本章实证研究的侧重点也从着重关注整个差序格局的结构及其复杂程度，转到了关注某一特定成员在差序格局中所处的相对位置，即特定个体的内部化水平。

本章将费孝通（1947）的"差序格局"概念嵌入西方社会情感财富（Socio-emotional Wealth，SEW）理论之中，后者是家族企业研究领域土生土长理论，广泛运用于家族企业创新研究领域，从而将 SEW 理论的适用范围从家族成员进一步拓展到泛家族成员，旨在增强该理论在中国本土社会情境下的解释力度。如以一言概之，本章的主要贡献在于将中国本土社会学的"差序格局"概念嵌入西方家族企业研究领域的社会情感财富理论之中，从而为家族企业的创新活动研究提供一个本土化的视角。

第一节　已有家族企业创新活动研究

改革开放 40 多年以来，民营经济经历了从小到大、从弱到强的发展历程，成为推动我国社会经济发展不可或缺的力量。根据工信部统计数据，截至 2017 年底，民营企业贡献了 70% 以上的技术创新成果，毫无疑问地成为我国技术创新的重要主体。习近平（2018）对民营企业发挥创新主体作用寄予厚望，明确指出要让民营经济创新源泉充分涌流，创造活力充分迸发。家族企业是民营经济最主要的一类组织和治理模式。全国工商联早在 2011 年的调研显示，超过 85% 的非上市私营企业在不同程度上采取了家族所有、控制和管理的家族式治理；《福布斯》杂志（2013）的研究发现，按照"所有权或控制权归某一家族所有，且至少有两名家族成员实际参与经营管理"的标准，A 股上市公司中近 30% 属于家族企业。因此，深入研究家族企业创新活动的特点和机理，对我国实施创新驱动发展战略、促进经济提质增效升级具有重要的现实意义。

近年来，越来越多的国内外学者专注于家族企业创新领域的研究，但仍然所知不多，提出的结论也大相径庭（陈凌、吴炳德，2014；陈建林等，2018）。一部分学者认为家族企业作为一种相对保守的组织形式（Muñoz-Bullón, Sanchez-Bueno，2011；Chrisman & Patel，2012；吴炳德、陈凌，2014），对创新这类高风险的战略性投资同样持保守态度，这使家族企业的研发投入要低于非家族企业（Chen & Hsu，2009；Munari et al.，2010；Matzler et al.，2015；闵亦杰等，2016）。另一部分学者则给出了相反的证据，发现家族企业有着更高的研发投入（Gudmundson et al.，2003；Ayyagari et al.，2011；Classen et al.，2014）。

区别于其他企业，家族企业的最大治理特征是背后存在一个控制性家族，为解释上述截然相反的结论提供了可能答案。典型的股权分散、两权分离的公众公司的内部人是职业经理人，所面临的最大治理问题是"职业经理人的内部人控制"（Jensen & Meckling，1976），相形之下，上市家族企业的内部人主要是控制性家族，主要面临的治理问题是"家族股东的内部人控制"，即控制性家族在保持控股地位前提下，通过任用内部家族成员担任董事和经理人等方式，强化家族对企业战略决策和经营管理的影响和控制（La Porta et al.，1999）。不同于其他类型股东，由于家族内部存在的利他行为等原因，家族股东最大的特征是在追逐经济利益的同时还会追求非经济利益。Gómez-Mejía 等（2007）开创性地提出了社会情感财富概念，将所有控制性家族从企业取得的，用于满足自身情感需要和社会效用的非财务收益统称为社会情感财富，并进一步认为是否追求社会情感财富，在决策时是否将社会情感财富作为一个参照点，是家族企业区别于其他企业的关键特征。控制性家族在决策中往往力求财务利益和社会情感财富之间的平衡（Gomez-Mejia et al.，2011，2014）。就创新活动而言，一方面家族倾向于将创新活动保持在较低水平，以牺牲企业一部分绩效为代价，确保当前阶段对企业的控制和影响；另一方面一定情况下家族也会倾向于提升创新活动，获取技术领先优势，为把企业传承给下一代提供良好条件（朱沆等，2016），从而实现对企业长远而持久的控制。

作为家族企业研究领域土生土长的理论，社会情感财富理论为解释家族企业创新活动提供了多元复合的视角。但已有文献在利用社会情感财富解释企业研发投入时，普遍将控制性家族视为一个同质的整体，默认所有处于"差序格局"同一圈层的家族成员所追求的社会情感财富的意愿是相同的，没有将研究进一步聚焦到关键内部人，即处在"差序格局"内圈，同时又担任核心岗位的家族成员追求社会情感财富的意愿对研发投入的影响。社会情感财富是一个满足家族情感需要的多因素混合体，即使具有同一亲缘关系类型，处在"差序格局"中处于同一圈层的家族成员，由于在任职经历、持有股份等方面的差异，追求社会情感财富的意愿也不可避免地会存在不同程度区别。因此，本章认为有必要将社会情感财富理论的研究视角从家族整体层面进一步推进至家族成员个体层面，尤其是研究占据董事长等核心职位的家族成员。因为这类家族成员在很大程度上影响乃至决定了企业的战略决策，其个人追求社会情感财富的意愿对企业研发活动最终产生的影响是一般家族成员所无法相提并论的。在实践上，本书通过揭示担任核心岗位人员对企业研发活动的影响，可以为家族企业优化治理结构，尤其是在控制权、管理权设置上引导家族企业强化创新活动提供具体建议。

本章的创新点主要体现在以下三方面：

其一，在理论拓展上，本章尝试在中国情境下拓展社会情感财富理论，试图将费孝通（1947）提出的华人社会"差序格局"人际关系嵌入这一西方舶来理论中，从而将该理论的适用范围进一步拓展到泛家族成员，以增强该理论在本土社会情境下的解释力度。本章是对 Gómez-Mejía 等的系列研究，以及 Miller 和 Le Breton-Miller（2014）、朱沆等（2016）研究的进一步拓展，即将家族整体追求社会情感财富的意愿对企业战略行为的影响，进一步具化为不同内部化程度的核心高管人员追求社会情感财富的意愿及其对企业创新活动的影响。

其二，在研究对象上，本章将家族企业创新研究从企业和家族层面进一步拓展至家族成员个人层面，以内部化程度这一高管个体的主要特征为切入口，探析核心高管人员对企业研发活动的影响，从而为理解家族企业的创新活动提供了一个新视角。

其三，在实证方法上，已有文献往往采用出身背景，即血亲和姻亲关系来甄别高管人员是否为家族内部人（李婧等，2010；杜善重、李卓，2019）。本章基于出身背景和任职方式的复合视角来度量高管人员的内部化程度，按照内部化程度由高到低将其区分为四类，并研究了两职合一，即董事长兼任总经理的调节效应，在此基础上进一步构造出一个离散变量，给予不同区间的赋值来检验主要结论的稳健性。

第二节　差序格局、内部化水平与社会情感财富

社会情感财富作为家族控制、家族情感和社会认可等因素的混合体，是家族企业决策的基本参照点。自 Gómez-Mejía 等（2007）首次将家族从企业取得的满足自身情感需要的非财务收益定义为社会情感财富以来，其内涵得到不断丰富与发展。至今，社会情感财富已包含了家族控制与影响、家族成员对企业的认同、家族情感依恋等短期维度内容（Berrone et al.，2012），也包括了家族控制的跨代传承、家族形象和声誉（Sharma & Manikutty，2005；Berrone et al.，2012）等长期维度内容（Zellweger，2007）。已有学者指出，不同维度的社会情感财富对企业决策和行为可能会产生相反的影响（窦军生等，2014）。当家族侧重追求当前阶段对企业的控制和影响为主导的短期维度社会情感财富时，会倾向于将研发投入维持在较低水平（Almirall & Casadesus-Masanell，2010；陈凌、吴炳德，2014）。首先，复杂的创新活动过度依赖外部专业技术人员，控制性家族会担心失去对技术创新路径的掌控（Kotlar et al.，2013）；其次，创新活动需要持续外部融资，这有可能造成控制性家族股权被稀释甚至企业控制权旁落他人（Sirmon & Hitt，2003）。相反，

当家族追求财富跨代传承为主导的长期维度社会情感财富时，会倾向于提高研发投入，旨在通过技术领先获取长期竞争优势，从而为企业代际传承提供良好的外部条件（Miller & Le Breton-Miller，2014；朱沆等，2016）。

但是，比较这两类不同维度的社会情感财富可以发现，实现企业跨代传承的基础恰恰是家族现阶段对企业的牢牢掌控和有效影响，只有在这一条件得到满足的情况下，家族才有可能着手筹划和实施代际传承。显而易见，当前对企业的控制和影响是未来财富跨代传承的前提，家族在面临两类社会情感财富的权衡时，无论在哪一种情况下，都会侧重于追求当前阶段对企业的控制和影响为主导的短期维度社会情感财富，把其视为首要目标，并置于决策参照点的核心位置。换言之，虽然家族希望在追求短期维度和长期维度的社会情感财富之间实现平衡，但追求短期维度社会情感财富目标总是置于追求长期维度社会情感财富目标之前，因此，短期维度社会情感财富从根本上支配了家族企业的研发投入决策。综上所述，总体上家族追求社会情感财富会降低企业的研发投入水平，即使这种行为会明显牺牲创新活动带来的财务收益。

进一步而言，控制性家族往往倾向于通过任用家族成员、泛家族成员担任核心高管来影响乃至掌控企业重大经营决策，因此，家族追求社会情感财富的意愿在多大程度上能够对企业创新投入产生影响，关键取决于董事长等核心高管人员追求社会情感财富的意愿。而核心高管人员追求社会情感财富的意愿会受到亲缘关系、持股比例、任职期限、职业经历等个体特征的影响（Hambrick & Mason，1984）。我们认为在众多个人特质中，其内部化水平，即与实际控制人之间是否存在亲缘关系，也即处在差序格局中的具体位置，构成了最为本质的特征，从根本上决定了其个人追求社会情感财富的意愿的大小，进而又决定了社会情感财富最终在多大程度上对企业创新活动产生影响。显而易见，在血亲和姻亲纽带的联结下，处在差序格局内圈的家族核心高管，其追求社会情感财富的意愿是非家族核心高管完全不可同日而语的（姜涛等，2019），对企业研发投入的影响也会大大高于非家族高管。

其次，相比直接空降的非家族核心高管，笔者认为具有企业工作经历，从企业内部提拔的非家族核心高管会在一定程度上被家族"内部化"，也会具有追求社会情感财富的倾向。在西方学者眼中，"家"是一个人员固定、边界清晰的封闭组织，因此 Gómez-Mejía 等（2007）习惯性地将社会情感财富理论的适用范围限定于家族内部。但由于华人社会具有浓厚的泛家族主义传统，"家"具有一定伸缩性和包容性，非家族成员可以通过"拜把子""认干亲"等方式转化为泛家族成员。华人社会中家的边界并不清晰，而是形成了一圈圈以自己为中心，不断向外扩展，呈现为同心圆结构的差序格局（费孝通，1947）。因此，在泛家族主义作用下，华人社会中社会情感财富所辐射的范围更广，不仅包括家族成员，还包括一部分没有亲缘关系的泛家族成员，这一点恰恰是社会情感财富理论在中西方不同社会情境下应用时所表现出的最大差异。一般而言，非家族成员通过内部晋升担任核心高管职务，往往是与实际控制人长期共同打拼的创业元老，或者关系紧密的亲信、老乡和同学等，虽然没有直接血亲或姻亲关系，但在不同程度上成为实际控制人的泛家族成员，进入以实际控制人为中心的差序格局的靠近内圈位置（贺小刚、李新春，2003；张玲、储小平，2005），成为后者可以信任和托付的"自家人"。除了经济利益之外，他们的情感依托、企业情感认同、社会声誉等各方面与控制性家族的兴衰紧紧捆绑在一起，两者休戚相关甚至荣辱与共，形成一种基于利益和情感交织的非正式的长期战略同盟。因此，不同于从外部空降的非家族核心高管，企业内部晋升的非家族核心高管一定程度上作为实际控制人的"自家人"，也具有追求社会情感财富的倾向，从而对企业创新投入产生影响。

基于上述分析，本章认为就家族企业核心高管而言，广义上的内部人既包括家族成员，也包括企业内部晋升的非家族成员，即泛家族成员。由于追求社会情感财富总体上会降低企业研发投入水平，而广义内部人追求社会情感财富的意愿显然要大于外部人，本章由此提出如下假设：

H1：内部人在研发投入上要比外部人更为保守。

根据财政部 2006 年发布的《企业会计准则第 6 号——无形资产》，研发投入在会计上的处理可以有两种方式供选择，一种是计入"研发支出"栏，成为企业无形资产的一部分，即把研发成本资本化；另一种是计入"研发投入"栏，这部分投入没有形成无形资产，即把研发成本费用化。如果研发项目处在开发阶段，并且同时满足"完成该无形资产以使其能够使用或出售在技术上具有可行性""具有完成该无形资产并使用或出售的意图""能够证明运用该无形资产生产的产品存在市场或无形资产自身存在市场"等 5 个条件时，可以采取资本化处理，进入公司年报中的"资产负债表"。研发投入不会从公司利润中扣除，从而相当于变相提高了公司当年的利润水平。反之，如果研发成本没有同时满足 5 个条件则进入"利润表"，则须从公司当年的利润中扣除。由于两种处理方式在判定上具有一定的主观性，上市公司信息公开披露内容也没有细致到能够让投资者可以自行判断的地步，两者之间存在一个模糊地带和弹性空间。不少学者的研究发现，一些企业会利用这种信息不对称进行盈余管理（Boone & Raman，2001），把研发成本资本化作为平滑利润、美化财务报表的一个方法，尤其是处于亏损边缘或面临扭亏为盈压力的上市公司（王燕妮，2011；王艳等，2011）。

本章认为，处在差序格局内圈，即具有更高内部化水平的家族成员在研发成本的会计处理上，通常比处在差序格局边缘的外部人更加保守或"实在"。首先，相比非家族成员，家族成员显然更有意愿维持家族形象和声誉等长期维度的社会情感财富（Prencipe et al.，2011），这促使家族成员更关注盈余管理的负面影响。也就是说，相比通过研发成本资本化来美化公司财务报表，家族董事长尤其是内部晋升的家族董事长更在意由此可能产生的财务丑闻对家族声誉的损害，以及因此而面临的法律与监管风险。其次，相比非家族成员，基于血亲和亲缘利他行为充当了天然的"黄金降落伞"（王明琳等，2014），家族成员被解聘的风险要低得多，尤其是对核心家族成员而言，除了公司被收购或破产等极端情况，几乎不存在"下岗"风险。退一步讲，在血亲和亲缘利他行为的支配下，即使"下岗"乃至离开企业一般也能获得稳定的家庭转移支付（Buchanan，1975；Schulze et al.，2003），确保日后衣食无忧。相比之下，非家族成员担任董事长显然具有更强烈的"管理者防御"动机，即为了降低因业绩不理想而被解聘的风险，更有动力采取有利于提升企业短期财务数据的机会主义行为。因此，无论家族核心高管在创新投入上持保守抑或进取的态度，其采取研发成本资本化以提高企业短期利润的动力都要小于非家族高管。

本章进一步认为，通过内部晋升担任核心高管的非家族成员，即泛家族成员在研发成本的会计处理上也要比外部空降的非家族成员更为保守或"实在"。通过晋升担任核心高管的非家族成员，在不同程度上作为控制性家族的"自家人"，在差序格局中更靠近差序格局的内圈，因而具有更高的内部化水平，即使因为业绩没有达到预期等原因而下岗，也不会像空降的非家族成员一样落得马上"卷铺盖走人"的下场。毕竟这种人在企业工作多年，与实际控制人情同手足，实际控制人一般情况下不会如此绝情地对待"自家人"，差序格局人际关系中温情脉脉的一面就会充分展现出来。因此，即便内部晋升的非家族成员在创新投入上更为进取，相比外部空降的职业经理人，其所面临的短期内提升企业绩效的压力相对较低，"管理者防御"的动机会大大弱化，也由此使其在研发成本的会计处理上趋于更加保守，在财务报表上直接表现为研发成本资本化的比例要更低一些。因此，本章对广义内部人做出假设2。

H2：内部人在研发成本会计处理上要比外部人更为保守。

董事长是否兼任CEO，既是董事长个人的一个重要特征，也是企业治理结构的一个重要特性，董事长兼任CEO（两职合一）通常表明企业内部的权力存在高度集中化情况。当企业最核心的控制权和管理权由同一位家族成员掌握时，其个人意愿可以在最大程度上影响企业战略行为和经营策略。我们认为，董事长兼任CEO会弱化内部人在创新投入上的保守水平。首先，两职合一的董事长比两职分离的董事长在创新投入方面有着更强的动力和更好的条件。Davidson 等（2004）认为股东和市场对两职合一的企业提出了更高的财务要求，导致董事长更愿意承担风险，更有动力通过研发等高风险活动来获取未来竞争优势和超额利润。Donaldson 和 Davis（1991）指出两职合一大大降低了董事会与管理层之间的沟通协商成本，企业可以更快地对激烈的市场竞争中稍纵即逝的新机会做出反应，用更短的时间做出研发决策，并以更快的速度推进研发项目。

其次，进一步对家族企业而言，两职合一的家族成员意味着已经成为家族和企业的双重"主心骨"，怀有更强烈的使命感，在家族长期繁盛和企业持续发展上背负着独一无二的压力，更偏好于追求"家族跨代传承"、社会声誉等长期维度的社会情感财富。因此两职合一的家族成员必须、也不得不加大创新投入，以承担更大的风险和不确定性为代价去获取长期竞争优势。对内部晋升的非家族成员，即所谓泛家族成员而言，两职合一往往表明控制性家族把他真正视为"自家人"，处在差序格局中靠近中心的位置。表明实际控制人对其人品和能力极度信任和肯定，在家族和企业中拥有稳固的地位和较高威望，从而可以部分地从追求企业短期绩效的压力中解脱出来，留出更多的精力去关注企业长期绩效。基于上述分析，本章对广义内部人提出以下假设。

H3：董事长兼任 CEO 弱化了内部人在研发投入上的保守程度。

由前讨论可知，无论内部人在创新投入上态度如何，其在研发成本的会计处理上要比外部人更为保守。两职合一意味着无论是家族成员还是泛家族成员，在差序格局中都更靠近内圈，具有更高的内部化水平，在家族中和企业中地位都趋于稳固，因此，"管理者防御"的动机进一步趋于弱化。在不出现重大失误的情况下，几乎不存在下岗风险，这也就意味着此时内部人没有必要通过平滑短期利润、粉饰财务报表这些手段来证明自己的经营能力。因此，本章认为两职合一的内部人会根据实际发生的情况将研发成本归入相应的会计科目，也就是说，两职合一会进一步强化其在研发成本会计处理上的保守或"实在"程度。因此，本章对广义内部人提出假设4。

H4：董事长兼任CEO强化了内部人在研发成本会计处理上的保守程度。

第三节　关键变量测度与模型设计

一、内部化水平的度量

根据《公司法》，董事会负责制定公司年度财务预、决算方案，董事长个人还有召集和主持董事会会议、履行决定和指导处理公司计划财务工作中的重大事项的职权。因此，相对于CEO等上市公司其他高管，董事长在研发投入决策上具有更大的发言权和影响力，基于此，本章将研究对象锁定为董事长。

如前所述，进入实际控制人差序格局的，既包括处在差序格局内圈的家族成员，也包括泛家族成员，后者一定程度上成为控制人的"自家人"，也处在靠近差序格局内圈的位置，两者不同程度地成为家族企业实际控制人的"内部人"。与此同时，从家族和企业的交叉视角看，由于家族企业中家族与企业交织融合在一起，是两类不同性质组织的复合体，在追求家族的目标同时也追求企业的目标，兼具企业系统和家族系统的特征（Tagiuri & Davis，1992；Chrisman et al.，2003），因此家族企业的董事长既可以从家族视角，也可以从企业视角来评判其内部化水平。从家族视角来看，董事长与实际控制人是否具有亲缘关系，可以直接判断其属于家族内部人还是外部人（李婧等，2010；杜善重、李卓，2019）；从企业视角看，董事长是否来自企业内部提拔，即担任董事长之前有无企业工作经历，也可以判断其属于企业内部人还是外部人（刘学，2003；谭玥宁、黄速建，2020）。因此，本章考虑到家族企业的双重属性，同时从出身背景和任职方式两个维度来综合度量董事长的内部化水平，出身背景区分了是不是实际控制人的家族成员，任职方式区分了是从企业内部提拔还是从外部空降。

由上可见，广义上家族企业抑或企业实际控制人的内部人既包括家族成员，也包括企业内部晋升的非家族成员，本章引入虚拟变量来表示董事长是否为内部人，如果董事长由家族成员担任，或者由内部晋升的非家族成员担任，则取值为 1；如果由外部空降的非家族成员担任，则取值为 0。

二、模型设定

本章因变量包括企业研发费用率（*RDR*）和研发成本资本化率（*OCR*）。其中，*RDR* 测度了董事长在创新投入上的保守水平，采用包括了研发投入和研发支出在内的研发总成本占营业总收入的比例来衡量；*OCR* 测度了董事长在研发成本会计处理上的保守水平，采用资本化处理的研发投入占研发总成本的比例来衡量。鉴于集权程度既是董事长个人，也是企业治理结构的一个主要特性，本章将董事长是否兼任 CEO（*Conpos*）设置为调节变量。本章建立如下实证模型：

$$RDR = \beta_0 + \beta_1 Chain + \beta_2 Chain \times Conpos + \Sigma_j^n = 3\beta_j CONTROLs + \varepsilon \quad （1）$$

$$OCR = \beta_0 + \beta_1 Chain + \beta_2 Chain \times Conpos + \Sigma_j^n = 3\beta_j CONTROLs + \varepsilon \quad （2）$$

控制变量（*CONTROLs*）主要来自两个层面。第一个是董事长个人特征层面，包括任职时间（*Chat*）和持股比例（*Preshp*）。任职时间会影响董事长的保守水平，随着任期延长而带来的报酬水平的提高及社会声誉的积累，会使董事长更倾向于增加研发等能够带来长期利益的投资（刘运国、刘雯，2007），但当任期达到某一阶段后，尤其接近个人职业生涯末期时，其投资行为又会重新趋向于保守（饶育蕾等，2012）。持股比例也会影响董事长的保守水平，持股可以激发董事长提高创新投入以获取长期收益，但达到一定比例后，又会陷入管理者防御效应，摇摆于当前短期利益和长期利益之间，创新行为重新趋向于保守（Lazonick，2007）。因此，本章同时加入了任职时间和持股比例的二次项（$Chat^2$、$Preshp^2$）来控制相对应的非线性效应。第二个是家族层面和企业层面，家族层面包括家族控制权比例（*Controlp*）、家族现金流权比例（*Owenershipp*）、企业家族化方式（*Famingty*）；企业层面包括股权制衡指数（*Balaind*）、资产负债率（*Debtr*）、企业规模（$\ln Size$）等变量。最后本章还控制了行业、时间和地理位置变量。变量具体定义详见表 7.1。

表 7.1　变量具体定义

变量类型	名　称	符　号	定　义
因变量	研发费用率	RDR	（研发投入 + 研发支出）/ 营业总收入 × 100%
因变量	研发成本资本化率	OCR	研发投入 /（研发投入 + 研发支出）× 100%
调节变量	是否兼任 CEO	Conpos	如董事长兼任 CEO，则为 1；否则为 0
自变量	广义内部人	Chain	虚拟变量，如果董事长由家族成员担任，或者由内部晋升的非家族成员担任，取值为 1；如果董事长由外部空降的非家族成员担任，取值为 0
自变量	高程度内部人	Chain_1	如果董事长由企业内部晋升的家族成员担任，取值为 1，否则为 0
自变量	中等程度内部人	Chain_2	如果董事长由外部空降的家族成员担任，取值为 1，否则为 0
自变量	低程度内部人	Chain_3	如果董事长由企业内部晋升的非家族成员担任，取值为 1，否则为 0
控制变量	任职时间	Chat	担任董事长职务的时间长度
控制变量	持股比例	Preshp	董事长持股数量占总股本的比例
控制变量	股权制衡指数	Balaind	第 2 到第 5 大股东持股比例合计 / 第一大股东持股比例
控制变量	控制权比例	Controlp	按照 La Porta 等（1999）的算法
控制变量	现金流权比例	Ownershipp	按照 La Porta 等（1999）的算法
控制变量	企业的家族化方式	Famingty	如果企业上市时就是家族企业，则为 1；如果企业上市时是国家控股或非家族 / 自然人控股，上市后通过股权转让、改制等由家族企业控股，则为 0
控制变量	资产负债率	Debty	各项负债合计 / 总资产
控制变量	企业规模	lnSize	总资产的自然对数

三、研究对象界定与数据来源

本章所指的家族企业是指实际控制人可以追溯到某一家族或自然人的企业，既包括了狭义家族企业，即连同实际控制人在内，至少有两名具有亲缘关系（包括血亲或姻亲关系）的家族成员持股／管理／控制上市公司或控股股东公司的家族企业，也包括了广义家族企业，即一个或多个自然人控制的民营企业。本章变量来源于国泰安数据库（CSMAR），该数据库于 2018 年新设立"家族企业"数据库，收录了 2014—2016 年的主板和中小板上市的家族企业。我们剔除了银行、保险、证券等金融类企业，剔除了同时发行 B 股的上市企业，最后得到 1402 家上市家族企业的非平衡面板数据。

第四节　实证结果与分析

一、统计性描述

表 7.2 列举了相关变量的描述性统计量。对全部 3669 个样本的统计分析发现，由内部晋升的家族成员担任董事长的企业有 2401 家次，占总数的 65.44%，由空降的家族成员担任董事长的企业有 396 家次，占总数的 10.79%，也就是说，由家族成员担任董事长的企业累计占到了总数的 76.23%。由内部晋升的非家族成员担任董事长的企业有 621 家次，占总数的 16.93%，也就是说，由广义内部人担任董事长的企业累计有 3418 家，占到了总数的 93.16%。由此可知，当前我国家族企业已经逐步引入非家族成员担任企业核心管理岗位，约有 1/4 的董事长由非家族成员担任，但真正接纳企业外部空降的职业经理人，即外部人担任董事长的企业只有 251 家，仅占总数的 6.84%。这也再一次有力地表明了差序格局不仅仅是一种华人社会传统人际关系结构，还是当前一种重要的资源分配路径（李新春、黄焕明，2002；冯仕政，2008）。国内的高级职业经理人市场还处于发育阶段，家族成员和泛家族成员仍然是董事长人选的最主要来源。另外，董事长的平均任期大约为 7 年，董事长平均持股比例为 11.08%。

表 7.2 主要变量的描述性统计量

变量	均值	中位值	最大值	最小值	标准差
Chain	0.932	—	1	0	0.252
Chain_1	0.654	—	1	0	0.476
Chain_2	0.108	—	1	0	0.310
Chain_3	0.169	—	1	0	0.375
Conpos	0.348	—	1	0	0.476
Chat	6.894	7	19	0	3.937
Preshp	11.078	1.300	80.010	0	15.460
Balaind	3.103	1.589	92.933	0.251	5.069
Famingty	0.770	—	1	0	0.421
Controlp	39.370	37.335	100.000	2.197	16.850
Ownershipp	33.832	31.700	95.721	0.212	17.718
Debty	0.423	0.387	63.971	0.009	1.071

资料来源：作者整理计算。

二、基准回归分析

表 7.3 列举了回归模型（1）的实证结果，其中（1）（2）列仅考虑了广义内部人（*Chain*），（3）（4）列则同时考虑了广义内部人与两职合一的交互项（*Chain*×*Conpos*）。（1）（2）列的结果显示广义内部人担任董事长（*Chain*）与企业研发费用率呈负相关关系，并且在 1% 或 5% 的置信水平上显著。这表明与外部人担任董事长的企业相比，广义内部人担任董事长的企业总体上具有较低水平的研发费用率，模型（1）的实证结果验证了假设 H1。也就是说，当前我国上市家族企业中，广义内部人担任董事长比外部人更为保守，短期维度的社会情感财富支配了其研发投入决策。由于当前 90% 以上的家族企业的董事长都是由广义内部人担任，因此，总体上可以认为差序格局降低了家族企业的研发投入。（3）（4）列的结果显示广义内部人与两职合一交互项的系数为

正，并且在 1% 置信水平上显著，即两职合一削弱了广义内部人与研发投入率之间的负向关系。这表明在其他条件相同的情况下，两职合一的董事长在降低研发费用率上的边际效应比非两职合一的董事长低，换言之，两职合一弱化了广义内部人在创新投入上的保守程度，实证结果验证了假设 H3。

表 7.3　模型（1）的回归分析结果

变量	OCR			
	（1）	（2）	（3）	（4）
Constant	5.514**（2.192）	4.899**（1.938）	5.963**（2.363）	5.342**（2.106）
Chain	−1.216**（−2.479）	−1.368***（−2.779）	−1.703***（−3.121）	−1.852***（−3.386）
Chain × Conpos			0.723***（2.035）	2.296***（2.024）
Chat	0.135***（4.372）	0.391***（3.472）	0.133***（4.301）	0.390***（3.464）
Chat^2		−0.016**（−2.398）		−0.016**（−2.409）
Preshp	0.009（1.100）	0.047**（2.134）	0.008（1.017）	0.0460**（2.082）
Preshp^2		−0.001**（−1.956）	−0.014（−0.581）	−0.000**（−1.934）
Balaind	−0.013（−0.566）	−0.002（−0.078）		−0.002（−0.097）
Controlp	−0.019（−1.168）	0.014（−0.845）	−0.020（−1.220）	−0.015（−0.901）
Ownershipp	0.014（0.895）	0.010（0.613）	0.0152（0.916）	0.010（0.637）
Famingty	0.156（0.511）	0.108（0.003）	0.180（0.588）	0.025（0.082）
Debtr	−0.170*（−1.682）	−0.153（1.512）	−0.169*（−1.669）	−0.152（−1.500）
lnSize	−0.273***（−2.506）	−0.279***（−2.562）	−0.276***（−2.535）	−0.282***（−2.591）
行业	控制			
时间	控制			
地区	控制			
Adjusted R-squared	0.142	0.144	0.142	0.145
F-statistic	21.419	20.401	20.842	19.893

注：***、**、* 分别表示在 1%、5%、10% 置信水平上显著。

表 7.4　模型（2）的回归分析结果

变量	OCR			
	（1）	（2）	（3）	（4）
Constant	-42.141^{***}（-2.487）	-40.701^{**}（-2.395）	-43.203^{***}（-2.530）	-41.751^{***}（-2.439）
Chain	-5.797^{*}（-1.754）	-5.333^{*}（-1.606）	-6.832^{**}（-2.034）	-6.347^{**}（-1.881）
Chain×*Conpos*			2.962^{**}（2.143）	2.916^{**}（2.110）
Chat	0.798^{***}（4.452）	0.491（0.749）	0.826^{***}（4.583）	0.495（0.752）
Chat^2		0.020（0.509）		0.021（0.545）
Preshp	-0.041（-0.879）	-0.195（-1.566）	-0.055（-1.178）	-0.208^{*}（-1.668）
Preshp^2		0.003（1.359）		0.003（1.346）
Balaind	-0.052（-0.362）	-0.101（-0.678）	-0.052（-0.356）	-0.100（-0.672）
Controlp	-0.181^{*}（-1.848）	-0.206^{*}（-2.069）	-0.172^{*}（-1.752）	-0.197^{**}（-1.972）
Ownershipp	0.124（1.296）	0.141（1.462）	0.116（1.207）	0.133（1.373）
Famingty	-4.801^{***}（-2.515）	-4.330^{**}（-2.237）	-4.874^{***}（-2.539）	-4.399^{**}（-2.260）
Debtr	-2.168（-0.535）	-2.475（-0.609）	-2.146（-0.526）	-2.463（-0.602）
Ln*Size*	2.990^{***}（3.912）	2.984^{***}（3.898）	3.043^{***}（3.949）	3.039^{***}（3.938）
行业	控制			
时间	控制			
地区	控制			
Adjusted R-squared	0.107	0.108	0.100	0.100
F-statistic	12.700	11.904	12.396	11.648

注：***、**、*分别表示在 1%、5%、10%置信水平上显著。

表 7.4 列举了回归模型（2）的实证结果，其中（1）（2）列仅考虑了广义内部人（*Chain*），（3）（4）列则同时考虑了广义内部人与两职合一的交互项（*Chain×Conpos*）。（1）（2）列的结果表明，广义内部人担任董事长（*Chain*）与研发成本资本化率呈显著负相关，也就是说，与外部人担任董事长相比，广义内部人担任董事长倾向于选择研发成本费用化处理，即广义内部人在研发投入的会计处理上更为保守，假设 H2 得到支持。由于广义内部人采用更为保守的会计处理方法，这也就意味着在财务报表公布的研发投入率相同的情况下，由内部人担任董事长的上市公司业绩水平更加"货真价实"，企业信息披露的水分更少。对投资者而言，这类公司的财务报表更有参考意义。（3）（4）列的结果表明，广义内部人与两职合一的交互项（*Chain×Conpos*）系数显著为正，也就是说两职合一对内部人与研发成本资本化率之间的关系产生了负向调节作用，弱化了广义内部人在研发成本会计处理上的保守程度，这一结果拒绝了假设 H4。

三、拓展性检验

进一步而言，不同类别的广义内部人之间的内部化水平也存在差异，即他们在实际控制人为中心的差序格局中的具体圈层也存在差异。那么，不同内部化水平的董事长与企业研发活动之间的关系又是怎样的？是呈现出内部化程度越高，即在"差序格局"中越靠近中心位置，研发活动越保守的简单线性关系，抑或其他关系？如前所述，家族成员的内部化水平要高于内部晋升的非家族成员，但家族成员也可以像非家族成员一样，进一步划分为是否具有企业工作经历抑或任职方式两类。显然，具有企业工作经历，从企业内部提拔的家族核心高管比没有企业工作经历，直接从外部空降的家族高管具有更高的内部化水平，在"差序格局"中相对而言更靠近内圈，其追求社会情感财富的意愿也相应更高。原因在于，由于家族成员对企业的认同、家族情感依附等维度的社会情感财富绝大部分难以用文字和语言来表达，需要在特定情境中，尤其是在共同创业和长期共事过程中通过个体与个体之间的频繁互动和意会来获取，因此，从内部提拔、拥有多个岗位任职经历的家族成员在追求社会情感财富的意愿上明显会高于直接从外部空降的家族成员，进而对创新活动也会产生不一样的影响。

综上，如果进一步充分地考虑家族企业的双重属性，同时从出生背景和任职方式两个维度来综合度量董事长的内部化水平，将上述两个维度交叉在一起，可以把广义内部人董事长分为三类，如再加上外部人董事长，共计可以分为四类：第一类董事长由内部晋升的家族成员担任，具有家族内部人和企业内部人的双重身份；第二类董事长由外部空降的家族成员担任，是家族内部人，但属于企业外部人；第三类董事长由企业内部晋升的非家族成员担任，对家族来说是"外人"，但对企业来说属于内部人，同时往往也是实际控制人的泛家族成员；第四类董事长由外部空降的非家族成员担任，既不是家族内部人，也缺乏在企业任职的经历，属于完全意义上的外部人。因此，在以实际控制人为中心的"差序格局"中，这四类人按照从内圈到外圈的次序依次排列，第一类董事长处在最靠近中心的位置，第四类董事长则处在差序格局的边缘位置（见表7.5）。

表 7.5　董事长的内部化水平的差序格局分布

任职方式		出身背景	
		家族成员	非家族成员
任职方式	内部晋升	第一类内部人：高程度内部人（家族内部人＋企业内部人员）	第三类内部人：低程度内部人（家族外部人＋企业内部人员）
	外部空降	第二类内部人：中等程度内部人（家族内部人＋企业外部人员）	外部人（家族外部人＋企业外部人员）

资料来源：作者整理。

毫无疑问，在三类内部人中，第一类的内部化水平最高，第三类最低，第二类介于两者之间。原因在于第三类内部人虽然不同程度上归入实际控制人的"自家人"，但在华人社会的"差序格局"中毕竟要比家族成员相对远离实际控制人，相应地，其内部化程度比第二类要更低一些，属于低内部化水平人员，而第二类则属于中等内部化水平人员。为此，本章进一步引入虚拟变量 $Chain\_1$、$Chain\_2$、$Chain\_3$ 来表示不同类别董事长的内部化水平，当董事长由第一类人员担任时，$Chain\_1$ 取值 1，否则取 0；由第二类人员担任时，$Chain\_2$ 取值 1，否则取 0，依次类推。为了进一步检验不同内部化水平的董事长与企业研发投入保守程度之间的关系，以及不同内部化水平的董事长与企业研发成本会计处理上的保守程度之间的关系，建立如下实证模型：

$$RDR = \beta_0 + \Sigma_{i=1}^{3}\beta_i Chain\_i + \Sigma_{i=1}^{3}\beta_{3+i} Chain\_i \times Conpos + \Sigma_{j=7}^{n}\beta_j CONTROLs + \varepsilon$$

（3）

$$OCR = \beta_0 + \Sigma_{i=1}^{3}\beta_i Chain\_i + \Sigma_{i=1}^{3}\beta_{3+i} Chain\_i \times Conpos + \Sigma_{j=7}^{n}\beta_j CONTROLs + \varepsilon$$

（4）

表 7.6 列举了回归模型（3）的实证结果，其中（1）（2）列仅考虑三类不同程度的内部人（$Chain\_1$、$Chain\_2$、$Chain\_3$），（3）（4）列则同时考虑了三类不同程度的内部人与两职合一的交互项（$Chain\_1 \times Conpos$、$Chain\_2 \times Conpos$、$Chain\_3 \times Conpos$）。（1）（2）列的结果表明，三类内部人担任董事长与研发费用率皆呈负相关关系，但统计显著性存在差异，其中第一类内部人在 10% 置信水平上显著，第二类内部人在 1% 置信水平上显著，第三类内部人在 5% 置信水平上显著。可见，无论哪一类内部人担任董事长，企业研发费用率都要低于外部人，上述结果进一步支持了假设 H1。进一步比较（1）（2）中 $Chain\_1$、$Chain\_2$ 和 $Chain\_3$ 的系数可以发现，由第二类内部人（$Chain\_2$）的系数不仅显著性最高，系数的绝对值也最大，约是第三类内部人（$Chain\_3$）的 1.5 倍，是第一类内部人（$Chain\_1$）的 2.2~2.7 倍左右。由上可知，虽然第二类内部人的内部化水平并不是最高的，但在研发投入上却是三类人中最保守的，相反，第一类内部人虽然内部化水平最高，但其研发投入在三类内部人中相对而言最进取。

表 7.6　模型（3）的回归分析结果

变量	RDR			
	（1）	（2）	（3）	（4）
Constant	4.740**(1.896)	4.266*(1.696)	4.830**(1.921)	4.367*(1.726)
Chain_1	−0.643(−1.221)	−0.862*(−1.615)	−0.886*(−1.648)	−1.123**(−2.057)
Chain_2	−1.760***(−3.059)	−1.875***(−3.251)	−2.565***(−4.112)	−2.645***(−4.236)
Chain_3	−1.206**(−2.271)	−1.240**(−2.336)	−0.934*(−1.673)	−0.975*(−1.747)
Chain_1×Conpos			0.797***(2.823)	0.840***(2.972)
Chain_2×Conpos			2.524***(3.354)	2.406***(3.194)
Chain_3×Conpos			−0.883(−1.410)	−0.863(−1.379)
Chat	0.100***(3.201)	0.291***(2.626)	0.105***(3.366)	0.2842***(2.548)
$Chat^2$		−0.012*(−1.798)		−0.0115*(−1.668)
Preshp	0.009(1.082)	0.045**(2.012)	0.004(0.495)	0.041*(1.816)
$Preshp^2$		−0.001*(−1.785)		−0.001*(−1.811)
Balaind	−0.016(−0.669)	−0.006(−0.277)	−0.016(−0.670)	−0.006(−0.277)
Controlp	−0.023(−1.389)	−0.018(−1.087)	−0.019(−1.172)	−0.014(−0.869)
Ownershipp	0.016(0.962)	0.012(0.760)	0.012(0.761)	0.009(0.562)
Famingty	−0.157(−0.477)	−0.251(−0.757)	−0.133(−0.402)	−0.225(−0.673)
Debtr	−0.180*(−1.779)	−0.169*(−1.671)	−0.182*(−1.806)	−0.172*(−1.703)
lnSize	−0.196*(−1.825)	−0.201*(−1.863)	−0.214**(−1.981)	−0.217**(−2.01)
行业	控制			
时间	控制			
地区	控制			
Adjusted R-squared	0.138	0.139	0.143	0.145
F-statistic	20.951	19.819	19.790	18.817

注：***、**、*分别表示在1%、5%、10%置信水平上显著。

由上述数据可见，不同内部化程度，即处于差序格局不同圈层的董事长在创新投入上的保守水平存在显著差异，第二类内部人最保守，其次是第三类内部人，最后是第一类内部人。第一类内部人的内部化程度是最高的，即最靠近差序格局中心位置，但相对而言恰恰是最进取的。原因在于第一类内部人既是家族成员，同时也具有企业多个岗位工作履历，甚至经历过艰苦的创业阶段，对企业情感深厚，个人权威已经树立，对企业的控制也比较牢固，因此可以在短期维度的社会情感财富得到保障的前提下，通过加强研发投入来追求长期维度的社会情感财富。第二类内部人的保守水平之所以最高，主要原因在于外部空降的家族成员往往可能是重点培养的二代接班人，虽然拥有血亲和姻亲关系这种"金色降落伞"，但由于缺乏在家族企业工作经历，尚未在企业内部获得认可，因而比另外两类内部人更迫切地希望证明自己的能力，更迫切地希望尽快塑造个人权威以掌控企业，所面临的短期业绩压力要大于内部晋升的非家族成员，更远大于内部晋升的家族成员，相应地，将资金投入创新活动以获取企业长期竞争优势的动力也更小。可见，在获得足够权威和对企业的控制之前，外部空降的家族成员更倾向于以牺牲长期维度的社会情感财富为代价来获取自身地位的稳固。

表 7.6 中（3）（4）列的结果显示，第一、第二类内部人与两职合一的交互项（$Chain\_1 \times Conpos$、$Chain\_2 \times Conpos$）的系数显著为正，第三类内部人与两职合一的交互项（$Chain\_3 \times Conpos$）的系数则缺乏显著性，表明两职合一对不同内部人具有不同的影响。具体而言，两职合一弱化了第一类和第二类内部人在创新投入上的保守程度，尤其是显著弱化了第二类内部人的保守程度，这个效应几乎完全抵消了其与研发费用率之间的负相关关系，而对第三类内部人，即实际控制人的泛家族成员则没有产生显著影响，模型（3）的结果部分验证了假设 H3。本章认为，原因在于与处在差序格局外圈的泛家族成员相比，处在内圈的家族成员对家族和企业具有更加深厚的情感。两职合一表明他们无可置疑地在家族和企业中承担了"主心骨"的角色，对家

族和企业的兴衰怀有强烈的使命感，因此更有意愿进行研发等投资以获取长期竞争优势。二代家族成员两职合一则可以视为家族交接班基本完成，下一代开始肩负起家族和企业兴衰的历史重任。相比泛家族成员，他们具有更为强烈的使命感和危机意识，因而更倾向于投资创新活动，以获取长期导向的社会情感财富。相比之下，第三类内部人并非真正意义上的家族成员，和前两类内部人相比，在差序格局中相对而言更远离中心位置，即使同时兼任两职，也几乎不可能获得所有权和社会网络关系的传承，更多扮演了控制性家族的高级管家角色，因此不可能具有同等程度的使命感和长期行为导向。

表7.7列举了回归模型（4）的实证结果，其中（1）（2）列仅考虑三类不同程度的内部人（*Chain*_1、*Chain*_2、*Chain*_3），（3）（4）列则同时考虑了三类不同程度的内部人与两职合一的交互项（*Chain*_1×*Conpos*、*Chain*_2×*Conpos*、*Chain*_3×*Conpos*）。（1）（2）列的结果表明，尽管三类内部人担任董事长与研发成本资本化率都呈负相关关系，但仅有第一类内部人担任董事长（*Chain*_1）的影响效应在5%置信水平上显著。因此，虽然总体上广义内部人对研发成本的会计处理比外部人要保守或"实在"一些，但不同类别的内部人之间同样存在显著差异。本章的结果显示，真正称得上实在的是第一类内部人，其余两类内部人在统计意义上缺乏显著性。模型（4）的实证结果部分支持了假设H2。（3）（4）列的结果表明，只有第一类内部人与两职合一交互项（*Chain*_1×*Conpos*）的系数在1%置信水平上显著为正，第二、三类内部人与两职合一交互项（*Chain*_2×*Conpos*、*Chain*_3×*Conpos*）的系数在统计意义上皆不显著。

表 7.7　模型（4）的回归分析结果

变量	OCR			
	（1）	（2）	（3）	（4）
Constant	−40.591**（−2.394）	−39.676**（−2.334）	−42.970***（−2.513）	−42.030***（−2.452）
Chain_1	−7.859**（−2.256）	−7.299**（−2.074）	−9.345***（−2.635）	−8.786***（−2.449）
Chain_2	−5.423（−1.387）	−5.081（−1.295）	−6.129（−1.420）	−5.956（−1.378）
Chain_3	−3.430（−0.959）	−3.334（−0.932）	−2.397（−0.641）	−2.295（−0.613）
Chain_1×Conpos			4.343***（2.834）	4.255***（2.772）
Chain_2×Conpos			1.542（0.315）	1.902（0.387）
Chain_3×Conpos			−4.085（−1.031）	−4.116（−1.038）
Chat	0.905***（4.859）	0.677（1.021）	0.928***（4.940）	0.644（0.965）
Chat^2		0.014（0.360）		0.017（0.445）
Preshp	−0.020（−0.424）	−0.141（−1.101）	−0.036（−0.748）	−0.141（−1.102）
Preshp^2		0.002（1.030）		0.002（0.900）
Balaind	−0.073（−0.502）	−0.108（−0.725）	−0.075（−0.518）	−0.107（−0.714）
Controlp	−0.180*（−1.845）	−0.200**（−1.581）	−0.170*（−1.735）	−0.187*（−1.872）
Ownershipp	0.141（1.461）	0.152（−2.006）	0.130（1.348）	0.140（1.443）
Famingty	−3.757*（−1.7720）	−3.500*（−1.640）	−4.002*（−1.874）	−3.754*（−1.746）
Debtr	−1.987（−0.490）	−2.235（−0.549）	−2.015（−0.494）	−2.271（−0.555）
lnSize	2.841***（3.701）	2.850**（3.707）	2.935***（3.790）	2.948***（3.800）
行业	控制			
时间	控制			
地区	控制			
Adjusted R-squared	0.109	0.099	0.102	0.101
F-statistic	11.989	11.254	11.155	10.528

注：***、**、*分别表示在1%、5%、10%置信水平上显著。

这表明两职合一弱化了第一类内部人在研发成本会计处理上的保守程度，但对其他两类内部人的保守程度则没有产生影响，这一结论同样拒绝了假设 H4。广义内部人和狭义内部人的实证结果都与假设 H4 相反，一个可能的原因是其和外部人一样，也存在平滑短期利润的动机。两职合一意味着家族企业权力高度集中化，董事长的权威不可挑战，然而，在研发投入上的相对进取及在会计处理上的保守所造成的企业短期财务的双重损失将削弱其个人权威，严重的甚至会引发家族及市场对其权威合理性的质疑。此时，两职合一的董事长也会有动机采取研发成本资本化来平滑利润，在最低限度上美化财务报表，以确保家族实现短期维度和长期维度社会情感财富之间的平衡。

四、稳健性检验

为了验证实证结论的稳健性，本章构造了一个离散变量代替虚拟变量来衡量董事长的内部化程度，即其所在差序格局中的相对位置，在 0 至 1 的范围内对四类董事长进行取值，形成均匀分布的"内部化指数"，指数越高表明内部化程度越高，越靠近差序格局的中心位置。具体操作如下：如董事长由外部人担任，则取值 0；如由第三类内部人即泛家族成员担任，则取值 0.333；如由第二类内部人担任，则取值 0.667；如由第一类内部人担任，取值 1。表 7.8 中（1）列的结果显示，内部化指数（INR）与研发费用率之间缺乏显著相关性。（2）列的结果则显示，内部化指数（INR）及其平方项（INR×INR）的系数皆在 1% 的置信水平上显著，符号依次为一负一正，表明内部化程度与研发费用率之间存在 U 形关系，即随着内部化程度的提高，研发费用先下降后上升。

表 7.8　基于离散变量的回归分析结果

变量	RDR			OCR		
	（1）	（2）	（3）	（4）	（5）	（6）
C	4.252*	5.346**	7.844***	−41.755***	−41.442***	−40.300**
	（1.714）	（2.151）	（2.675）	（−2.484）	（−2.458）	（−2.208）
INR	0.035	−5.950***	−2.969***	−7.100***	−9.926	−2.107
	（0.082）	（−3.368）	（0.936）	（−2.714）	（−0.827）	（−0.332）

续表

变量	RDR			OCR		
	（1）	（2）	（3）	（4）	（5）	（6）
$INR \times INR$		5.132***	0.515***		2.387	−0.228
		（3.461）	（0.171）		（0.241）	（−0.200）
$INR \times Conpos$			−0.291			−4.602
			（0.509）			（−1.411）
$INR \times INR$ $\times Conpos$			0.129			1.428*
			（0.131）			（1.711）
Chat	0.104***	0.117***	0.121***	0.888***	0.886***	0.918***
	（3.336）	（3.695）	（0.032）	（4.889）	（4.868）	（4.882）
Preshp	0.011	0.009	0.005	−0.019	−0.019	−0.034
	（1.300）	（1.081）	（0.008）	（−0.410）	（−0.418）	（−0.709）
Balaind	−0.017	−0.012	−0.012	−0.076	−0.075	−0.077
	（−0.713）	（−0.501）	（0.024）	（−0.521）	（−0.519）	（−0.532）
Controlp	−0.023	−0.021	−0.019	−0.183*	−0.183*	−0.172*
	（−1.368）	（−1.300）	（0.016）	（−1.878）	（−1.872）	（−1.755）
Ownershipp	0.016	0.014	0.012	0.143	0.142	0.131
	（0.986）	（0.884）	（0.016）	（1.489）	（1.479）	（1.355）
Famingty	0.061	−0.088	−0.098	−3.840**	−3.924**	−4.164**
	（0.197）	（−0.278）	（0.317）	（−1.958）	（−1.970）	（−2.075）
Debty	−0.188*	−0.169*	−0.167*	−2.133	−2.141	−1.925
	（−1.860）	（−1.678）	（0.101）	（−0.530）	（−0.532）	（−0.473）
lnSize	−0.217**	−0.245**	−0.250**	2.890***	2.903***	2.945***
	（−2.025）	（−2.267）	（0.109）	（3.830）	（3.837）	（3.805）
行业	控制					
时间	控制					
地区	控制					
Adjusted R-squared	0.135	0.140	0.143	0.100	0.100	0.102
F-statistic	22.001	21.275	20.366	13.373	12.876	11.914

注：***、**、*分别表示在1%、5%、10%置信水平上显著。

将内部化指数代入（2）列对应的模型可得，在其他条件给定的情况下，三类内部人的研发费用率皆低于外部人，结果验证了假设 H1。进一步把四类人员对应的研发费用率由高到低排序，得到：外部人＞第一类内部人＞第三类内部人＞第二类内部人，这表明内部化指数与研发费用率之间的 U 形呈现"左高右低"的不对称特征，外部人和第一类内部人担任董事长的家族企业具有较高的研发费用率，而处在中间的两类内部人担任董事长的家族企业的研发费用率较低。通过求极值可得，当内部化指数为 0.581 时，企业研发费用率最低，由于本章构造的内部化指数是一个离散变量，相对而言该数值距离 0.667 最近，因此当第二类内部人担任董事长时研发费用率达到最小值（见图 7.1），这一结论与表 7.5 的结果保持一致。

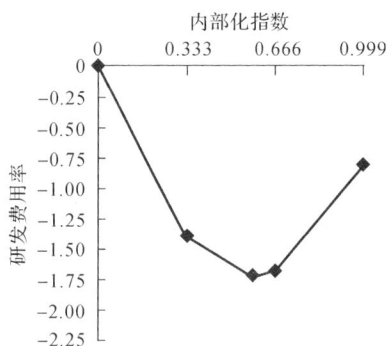

图 7.1 内部化指数与研发费用率关系

注：四类人的内部化水平赋值分别为 0、0.333、0.667、1。

表 7.8 中（4）列的结果显示内部化指数（*INR*）与研发成本资本化率呈显著负相关，支持了假设 H2。（5）列中内部化指数（*INR*）及其平方项（*INR*×*INR*）的系数皆缺乏显著性，间接支持了表 7.7 的实证结果，即只有一部分内部人对研发成本的会计处理比外部人更为保守。此外，（3）列和（6）列中 *INR*×*Conpos* 和 *INR*×*INR*×*Conpos* 的系数皆缺乏显著性，或只有其中一项具有显著性，表明在进一步区分董事长的内部化程度后，两职合一总体上既没有对内部人与研发费用率之间的关系，也没有对研发成本资本化率之

间的关系产生调节作用，间接支持了表 7.5 和表 7.7 的结论，即两职合一仅仅对某一部分内部人在研发投入上，或者在研发成本会计处理上的保守水平产生了作用。

　　考虑到第三类内部人作为泛家族成员，毕竟和实际控制人之间不存在任何亲缘关系，和所谓"打断骨头连着筋"的家族成员相比，真实的内部化程度可能会更低一些，在差序格局中的位置也可能更为远离中心位置。基于此，本章进一步调整了离散变量取值，对四类人的内部化程度分别赋值 0、0.250、0.750 和 1。结果仍然显示内部化指数与研发费用率之间存在非常显著的 U 形关系，通过求极值，得到内部化指数为 0.562 时企业研发费用率最低，介于 0.250 和 0.750 之间，相对更靠近 0.750，因此仍然得到第二类内部人在创新投入上最保守的结论（见图 7.2），与表 7.5 的结果保持一致。同时，内部化指数与研发成本资本化率亦呈显著负相关，依然支持假设了 H1 和 H2。以上两组检验表明，上述结论对第二类内部人赋值为 0.500~0.750，第三类内部人赋值在 0.250~0.500 皆成立，而这一数值范围几乎覆盖了两类内部人在现实中可能存在的取值范围，因此，本章主要结论总体上具有较好的稳健性。

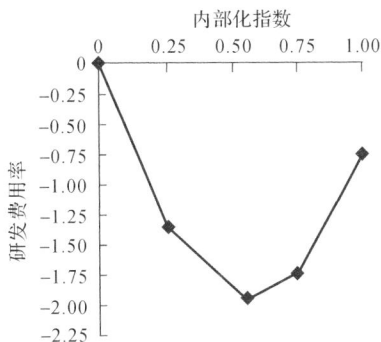

图 7.2　内部化指数与研发费用率关系

注：四类人的内部化水平赋值分别为 0、0.25、0.75、1。

　　此外，就模型的内生性而言，因企业研发投入比例的高低，或因会计处理方法选择的原因而调整董事长的现象即使存在，也属于少之又少的偶发事件，其次，是否存在适合担任董事长的家族成员在一定时间段内是确定的，即使安排内部人担任董事长也需要较长时期的培养，因此本章模型基本上可以排除因为研发投入率、研发成本资本化率与内部人担任董事长之间的反向因果关系而导致的内生性问题。

第五节　本章小结

本章进一步丰富了家族企业创新领域的研究，最主要的贡献在于将中国本土社会学的差序格局概念嵌入家族企业研究领域土生土长的社会情感财富理论之中，从而在中国情境下拓展了社会情感财富理论的适用范围和解释力度。本章认为，差序格局总体上降低了当前家族企业的研发投入，家族社会情感财富最终能否影响及在何种水平上影响企业创新活动，很大程度上取决于担任核心高管人员在"差序格局"中所处的位置，即核心高管人员的内部化程度。内部化程度的差异从根本上决定了核心高管追求社会情感财富意愿的大小，也深刻影响了其所偏好或侧重的社会情感财富的维度，进而最终对企业的创新活动产生影响。本章以实际控制人追溯到家族或个人的国内上市公司为样本，从两个层面对董事长内部化程度与企业创新活动保守水平之间的关系进行了实证研究，第一个层面是内部人担任董事长是否降低了企业研发投入，第二个层面是内部人担任董事长是否偏好于采用保守的会计方法处理研发成本。

本章主要结论如下：（1）总体而言，差序格局降低了家族企业的研发投入，内部人在创新投入上比外部人更为保守，表明当前我国上市家族企业的创新投入更多受到短期维度社会情感财富的支配。（2）内部化程度与研发投入率并非呈简单负相关，即并非越靠近"差序格局"中心研发投入就越保守，而是呈现出左高右低的不对称 U 形关系，最保守的是外部空降的家族成员，即中等程度内部人，其次是内部晋升的非家族成员，即低程度内部人，最不保守的是内部晋升的家族成员，即高程度内部人。（3）在研发成本的会计处理上，只有内部晋升的家族成员即高程度内部人倾向于采用保守的会计处理方法。（4）由前述第二和第三点可得，在三类内部人中，最靠近差序格局中心的核心高管人员，即高程度内部人的创新活动是相对最为进取的，也是最"实在"的。（5）董事长兼任 CEO 弱化了一部分内部人的保守水平，即两职合一让高、中程度内部人在研发投入上更加进取，但同时也让高程度内部人在研发成本会计处理上不那么"实在"。

在当前创新驱动发展国家战略背景下，本章的结论对促进上市家族企业创新活动具有一定的政策启示意义：其一，家族成员担任核心高管要尽可能遵循企业内部逐级提升的原则。家族企业是企业生态和家族生态的双重叠加，家族成员尤其是二代成员在企业内部不同岗位上打磨历练，可以使其在企业研发决策中变得更加进取和"实在"。企业尤其要避免发生各类"空降兵"现象，也要避免单纯以"易子而教"的形式在其他企业，乃至关联企业的任职履历来代替在本企业的经历。其二，中短期而言，可以适度提高家族企业的集权化程度。通过两职合一，即家族成员同时兼任董事长和 CEO，加快个人权威的积累，强化使命感和危机意识，尽快培育家族和企业的"主心骨"和"带头人"，是当前推动家族企业提高创新投入，推进企业转型升级的一个重要途径。其三，从中长期来看，逐步有序开放企业核心管理岗位，引入外部职业经理人担任董事长，持续优化企业治理结构，是家族企业提升创新投入的重要乃至必由途径之一。

最后，本章研究仍然存在以下不足和缺憾：一是，对核心高管在"差序格局"中所处位置，即其内部化程度的度量仍然不够精确。家族成员在企业中任职的时间，尤其是其是否参与了初期的创业历程，也是判断其内部化水平的重要依据之一，这一问题有待后续的研究重点解决。二是，"内部化指数"的取值主要凭借已有研究经验和常识。虽然对内部人两次赋值的取值区间几乎覆盖了可能的数值范围，证明了结论具有较强的稳健性，但仍然带有一定的主观性。

第八章　家族治理与家族企业的行为选择

　　本章把观察的着重点从差序格局转移到利他行为。在第二章中，我们开宗明义地指出，差序格局的实质是"己"与他人之间在利他行为水平上的差序式分布，换言之，推动差序格局形成和运转的力量是由内而外逐圈弱化的利他行为。从第四章一直到第七章，分别实证研究了差序格局及其利他行为对上市家族企业治理结构的权力配置、代理成本、研发活动及智力资本的影响，主要从家族成员个体（第七章也包括了泛家族成员）的角度展开研究。本章将所有家族成员视为一个整体，从家族企业的角度展开研究，所聚焦的核心问题是，家族成员之间的利他行为最终会外化为家族企业的利他行为还是利己行为？即探讨家族内部的利他行为对家族企业行为模式的影响及其背后的作用机理。

　　近20年来，家族企业往往以两个矛盾的角色出现在文献中：一些学者从代理理论出发，认为家族企业本质上是唯家族利益是图、自私自利的代理人，如Claessens等（2002）、Morck等（2005a）、姜付秀等（2017）、吴超鹏等（2019）的研究；但是另一些学者从管家理论出发，把家族企业视作利益攸关者的"好管家"，具有与生俱来的利他偏好，如Gómez-Mejía（2007）、Miller等（2008）、王明琳等（2014）、刘星等（2020）的研究。然而，现实中家族企业的行为是复杂多变的，既具有动态特征，今天的管家会变成明天的代理人；也具有复合特征，往往两个角色同时汇集在同一企业身上（王明琳等，2013；朱建安等，2017；李婧等，2017）。因此，无论是单一的代理人还是单一的管家角色皆无法准确刻画家族企业的行为和绩效，如何建立富有解释力的家族企业行为分析框架，成为当前家族企业研究面临的一个重要问题。具体而言，本章旨在回答下述问题：家族成员之间的利他行为是否会转换成家族企业对利益攸关者乃至社会的利他行为？抑或相反，在侵害后者利益上更为有利，从而比非家族企业更为变本加厉？更宽泛而言，家族治理是如何影响企业的行为和绩效的？隐藏在表象背后的具体作用机理又是怎样的？

第一节 已有研究对家族企业行为与绩效的分歧

一、基于代理理论的家族企业行为研究

一些学者从经典的代理理论出发，认为拥有管理权且具有信息优势的代理人会牺牲委托人的利益来追逐自身私利，具有天然的自我服务倾向，控制性家族是一个唯利是图的代理人，家族对内的利他行为会转化为对外的利己行为，企业仅仅只是家族追求自身利益所借助的工具而已，相应地，其行为具有严重的代理人行为导向（见图8.1）。例如，Claessens 等（2002）认为家族通过长期维持企业控制权来满足自身在财富、就业乃至社会地位上的需要。Morck 等（2005a）认为家族最令人诟病的一点是借助金字塔控股结构、双重股票制度等控制权放大机制，使企业最终所有权与控制权发生偏离，再借助各种公开或隐秘的隧道行为掏空企业资产，以侵占社会股东利益为代价来获取自身收益最大化。

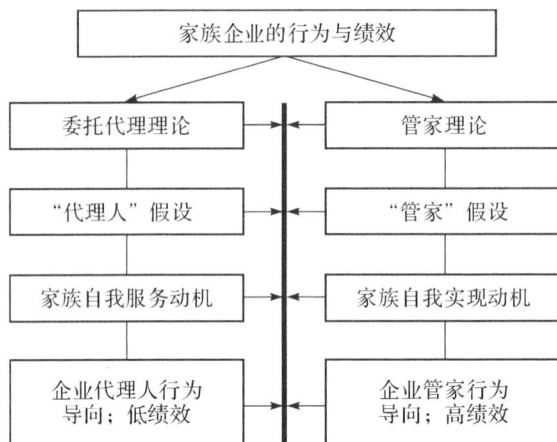

图 8.1　基于不同理论假设的家族企业的行为模式

资料来源：作者整理。

　　由于家族具有上述代理人特性，家族企业表现出显著的代理人行为导向。例如，Bloom 等（2007）认为在中长期战略选择方面，家族为了长期维持企业控制权而趋向于过度规避市场风险，导致企业采取过于保守的战略决策；首先，Carney（2005）指出家族掏空企业资产的行为会造成企业在员工培训、产品研发及市场开拓方面缺乏足够的资金投入，很难培育和维持核心竞争力。其次，Pérez-González（2006）发现在组织结构方面，家族偏向于任用低能力的家族成员担任高管，其组织结构呈现严重的封闭性，很容易形成家族经理人与企业之间的低水平锁定状态，加之"晋升玻璃板"又抑制了职业经理人的能动性，企业不得不依靠高度集权的行政体系来维持运行。再次，姜付秀等（2017）的研究发现，当控股家族退居"幕后"时，非家族成员担任公司董事长使家族声誉和公司形象分离，由此可能加剧控股股东与中小股东的利益冲突。最后，吴超鹏等（2019）的研究发现，家族企业创始人的家族主义文化观念越强，家族企业在上市前越不可能实施"去家族化"治理改革，即家族成员从管理岗位离职的概率越低，家族对公司的控制权、现金流权及两权分离度的下降幅度也越小；上市前"去家族化"治理改革实施得越不彻底，企业上市后的绩效和收入增长率就越低。

由于上述原因，家族企业的一系列绩效指标都低于非家族企业，Barth等（2005）对瑞典的研究显示，家族企业的生产率要比非家族企业低10%左右；Miller等（2007）对美国的研究亦表明家族企业的市场价值要低于非家族企业，即使由创业者担任CEO的企业也不例外。

二、基于管家理论的家族企业行为研究

但是，又如何解释规模不一的家族企业在全球范围内普遍存在，并且在除了英美以外的地区，是家族企业而非公众公司构成了主要的企业治理模式？另一些学者从20世纪80年代发展起来的管家理论出发，认为代理人会受社会动机和成就动机的驱使，其目标就是追求委托人福利最大化，具有自我实现和利他倾向。Miller等（2008）认为除了财富之外，家族声誉乃至后代繁衍都与企业息息相关，家族会自觉抑制那些短期、纯经济的偏好，企业会表现出明显的管家行为导向。Gómez-Mejía（2007）也强调家族除了追求经济利益之外，还追求包括家族声誉、社会地位在内的各种非经济利益，具有典型的社会心理特性，简言之，家族内部的利他行为会外化为企业对利益攸关者及整个社会的利他行为。

例如，在中长期战略方面，Miller等（2005）认为家族企业会把更多的资源投入产品研发和市场开拓上，更注重对核心竞争力的培养。Khanna等（2007）学者指出，并没有系统的证据表明家族金字塔控股结构与隧道行为之间存在必然联系，Riyanto（2005）则认为这类控股结构具有水平控股结构所缺乏的内部融资优势，其最终所有权与控制权偏离产生的杠杆效应能够有效缓解外部融资约束，同时也为救助关联企业的支持行为提供了便利。在组织结构方面，Beehr等（1997）发现企业更注重经理人尤其是家族经理人的培训，倾向于通过制订长期激励计划、更长的任职周期来激发经理人的忠诚度，组织结构也更趋于扁平化。在投资方面，刘星等（2020）发现，家族董

事席位超额配置程度越高，企业的投资效率越高，主要表现为抑制过度投资而非缓解投资不足。研究发现，基于上述原因，家族企业具有更高的业绩和市场价值，陈凌等（2009）对中国的研究表明非上市家族企业的绩效要高于非家族企业；Anderson 等（2003）对美国的研究及 Barontini 等（2005）对欧洲大陆的研究亦显示家族上市公司的市场价值不仅高于股权分散的公众公司，还高于其他类型股东控股的公司。

第二节　基于社会嵌入理论的家族企业行为分析

两大抑或角色理论在行为主体假设、行为动机、行为导向和绩效表现上存在一系列相反观点，但都可以找到各自的经验支持。大多数学者非此即彼地认为家族企业要么扮演代理人、要么扮演管家角色，少数学者如 Khanna 等（2007）已经意识到将家族企业（集团）简单地视为"典范"或者寄生虫都是不合理的。单一化、静态化的方法难以准确刻画现实中家族企业的行为特征，人们逐步认识到其行为选择具有动态性——今天的管家会变成明天的代理人；同时，其行为选择还具有复合特征，现实中两个矛盾的角色往往在同一时点集中在单一企业身上，例如 Maury 等（2006）对西欧 13 国的研究表明，家族上市公司在"股东—经理人"代理问题上更接近于管家角色，但同时在"股东—股东"代理问题上更接近于代理人角色。然而，仅指出家族企业具有代理人和管家的动态、复合特征是不够的，如果两者间缺乏一个可以合理桥接的中介，仍然无法把代理人和管家两个对立的角色融入同一分析框架之中。

为了更为全面、准确地刻画家族企业行为模式，有必要对两大长期以来割裂的角色或理论进行合理桥接，融合纯经济动机和社会动机来阐释家族企业复杂多变的行为选择和绩效表现，以发现其初始的原动力及作用机制。因此，研究焦点不应仅仅停留在看似独立的、原子式的企业表面，而应转移到隐藏在它背后的社会关系网络，尤其是那些深深嵌入其中的关系网络。如 Polanyi（1968）所指出的，"人类经济嵌入或纠缠在经济或非经济制度中，非经济制度的引入是非常重要的……宗教和政府可能像货币制度或减轻劳动强度的机器一样重要"。Granovetter（1985）认为社会嵌入性是指非经济制度通过影响行为主体的认知、动机，进而影响行为主体的经济行为。人们在现实中总是生活在特定的关系网络之中，信息、情绪和理念在网络中传播、扩散和共享，引导人们形成一致的观点、思维模式及行为偏好。与其他企业相比，家族企业的特性在于其背后存在一个控制性家族（或家庭），家族是人们最初的和最为重要的关系网络组织，家族成员从小生活在一起，家族关系网络中的联结比其他任何社会关系网络中的联结都要稳定和持久，因此，家族对家族员工及企业的影响是其他任何网络组织都难以比拟的。

在上述思路指引下，我们认为"嵌入性"为实现两大理论的桥接提供了一个可行途径，在很大程度上，家族企业选择代理人还是管家角色取决于企业是如何嵌入家族的，或者说，企业由于嵌入性而产生的"家族治理情境"与通常强调的经济因素共同决定了企业的行为与绩效，第三章已探究这一问题。进一步而言，Morck 等（2005b）的研究表明，在不同地区，甚至同一地区的不同时期，企业嵌入家族的程度也存在很大差异，那么，又是什么因素影响乃至决定了企业嵌入家族的程度？继续沿着上述思路，我们认为微观层面上"企业嵌入家族"很大程度是由宏观层面上的"家族嵌入社会"决定的，即微观上的嵌入决定了家族影响企业的行为导向及可能的绩效表现，而宏观上的嵌入则决定了企业在多大程度上嵌入家族之中，本章第四节将论及后一问题。与已有研究相比，本书最主要的贡献是把微观上的"企业如何嵌入于家族"与宏观上的"家族如何嵌入于社会"两个问题置于同一分析框架之中，以期系统剖析家族企业行为和绩效，以及隐藏在背后的深层次原因。

第三节　微观视角：企业如何嵌入于家族？

自 Granovetter（1985）提出社会嵌入理论以来，学者侧重研究个体或组织如何嵌入社会网络组织，对如何嵌入家族网络组织却鲜有研究。如 Aldrich

等（2003）所言，"过去二十年里，有关企业嵌入社会关系网络的理论已经被广为认可……但具有讽刺意味的是，学者却忽视了企业嵌入家族的研究——恰恰是所有企业都在（不同程度上）嵌入家族"。我们认为企业主要在认知、关系和权力三个维度上嵌入于家族，相应地，家族对企业影响的大小取决于上述三个维度的嵌入程度。如图 8.2 所示，具体而言，认知嵌入决定了家族影响企业的行为导向（箭头 1），即决定了企业扮演了什么角色——是一个好的管家（箭头 6）还是一个坏的代理人（箭头 7）及其可能带来的绩效表现；关系嵌入（箭头 2）和权力嵌入（箭头 3）则共同决定了家族影响企业的程度，既是企业认知嵌入于家族的两条主要渠道（箭头 4、5），同时，两者本身也会对企业行为和绩效产生影响。

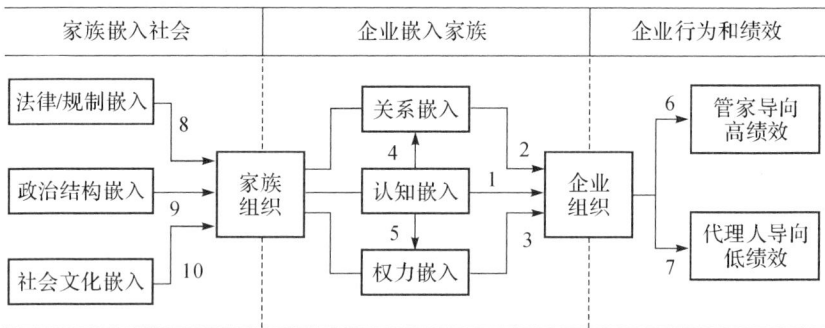

图 8.2　基于社会嵌入视角的家族企业行为模式

资料来源：作者整理。

通常情况下，企业嵌入家族关系网络的程度越深，家族对企业的影响就越大，反之则越小。但是，家族对企业行为及绩效的最终导向并不确定，主要取决于由"三维嵌入"而对企业发生作用的一系列家族因素，包括家族共享知识、家族成员特质与关系、家族权力结构、家族代数等，上述因素之间还会发生复杂的交互作用，共同构成了家族企业独有且多变的"家族治理情境"，引导置身于其中的企业选择代理人或者管家行为。由于现实中不同企业嵌入家族的程度往往不能一概而论，企业所处的家族治理情境也千差万别，即使同一企业在不同发展阶段也可能大相径庭，因此，家族对企业行为和绩效的影响表现出状态依存特性，即今天利他的管家会转变为明天利己的代理人，甚至两种矛盾的角色也可以同时出现在同一企业身上。简言之，除了经济因素之外，由"嵌入"而产生的差异化的家族治理情境决定了家族企业不同的行为和绩效。

一、认知嵌入

Zukin 等（1990）认为认知嵌入是指在有限理性条件下，引导和制约人们经济行为的一组共享知识集。这里是指企业的行为受到家族公认并一致遵守的理念、原则和惯例的影响，这一组共享知识集来源于一系列家族历史事件、家族早期创业经历、家长或重要家族成员的人生经历、经验训诫等，经过家族长期积淀与凝练，内化为家族成员所独有的且相对稳定的心理特征和思维模式，成为企业建构组织框架、选择中长期战略的基本理念，甚至在更深层次上成为企业的"意识形态"。

认知嵌入很大程度上直接决定了企业的行为和绩效。家族早期创业经历会深刻影响家族认知的形成，对家族经营理念产生一种类似"路径依赖"的效应，从而对企业中长期战略选择产生深刻影响。针对中国的研究表明，那些由家族亲自创立核心业务并直接上市的企业更倾向于从持续、稳定发展的角度制定战略规划，企业相关业绩指标普遍较高，总体上扮演了管家角色（王明琳等，2006）。再如，作为构成家族认知核心要件之一的家族传承意愿也会对企业行为产生深刻影响，宋丽红和李新春（2011）的研究发现，当家族缺失传承意愿时，企业具有更低的研发投入和慈善捐助水平，其行为呈现出显著的短期化特征，会牺牲长期目标来追求短期利益；反之，当家族希望企业控制权在内部世代传递时，企业战略选择会表现出明显的长期化特征，更专注于企业长远的、持续的业绩。

如果认知嵌入本身发生了失调，无论共享知识集本身的内容如何，都可能导致企业成为代理人，Le Breton-Miller 等（2009）认为知识集共享程度偏低、清晰程度偏低等原因都可能引发认知嵌入失调。家族成员的异质性是影响知识集共享度的重要原因，当员工来自不同的家庭分支，具有不同教育背景和生活经历，或者彼此之间年龄跨度很大，就很难形成高度共享的知识集；不同家族员工之间的权力匹配也会影响到知识集的共享度，如果一些家族成员有所有权却没有管理权，而另一些家族成员有管理权却缺乏所有权，权力匹配的割裂会直接引发两者目标函数的割裂。

二、关系嵌入

关系嵌入通常指经济行为发生的人际关系网络情境。任职于企业的家族成员总是嵌入在特定人际关系网络之中，构成了网络中的一个联结点，进入企业工作的家族成员数量越多，表明关系网络中从属于家族的联结点越多，企业嵌入家族的程度也就越深。此外，家族成员在网络中所处的位置，与网络中其他成员（家族或非家族成员）之间关系的指向性及相对强度，也决定了企业在多大程度上嵌入家族。具体而言，如果家族成员在网络中的联系主要指向其他家族成员，在大网络中构成一个相对封闭的子网络，家族成员之间的联系强度要胜过与非家族高管、社会股东等利益相关者之间的联系，那么家族对企业的影响就越大。尽管家族成员之间关系网络的封闭性一直受到人们诟病，但保持这种相对封闭性却是企业嵌入家族的基础条件之一。

虽然关系嵌入主要作为认知嵌入与企业行为之间的中介而存在，但如果其本身发生了失调，也可以诱导家族企业沦为代理人，甚至成为其分崩离析的一个最主要内因。当股权掌握在不同分支的家族成员手中，或者企业同时存在两位以上的潜在继承者，或者核心家族员工之间的经营理念发生尖锐分歧时，家族内部的关系冲突就会不可避免地浮出水面，企业在不同程度上成为家族成员之间明争暗斗的场所，这无论对企业还是家族都会产生严重的负面效应。

三、权力嵌入

权力嵌入一般指经济组织的权力在个人之间及非市场组织之间的配置，在本书中是指企业权力在家族成员之间及不同家庭分支之间的配置。家族权力既包括了正式的所有权、控制权和管理权，即物质资产所有权赋予的静态权威，也包括了建立在个人知识、能力乃至人格魅力基础上的非正式的动态权威。其中，所有权是整个权力体系的基础，家族对企业的控制权、管理权都建立在所有权之上；控制权则是整个权力体系的核心，是家族影响企业中长期战略最直接、最有效的渠道；管理权虽然往往是家族最早剥离的权力，但恰恰也是企业深层次嵌入家族的表现。

类似地，不同形态的权力嵌入也会对企业行为和绩效产生截然不同的影响。Morck等（2005a）指出，家族最终所有权与控制权之间的偏离是引发"股东—股东"之间代理冲突的前提，直接诱发了各类侵占社会股东利益的隧道行为。再如，当企业的控制权相对平均地分散在不同家族成员或者不同家庭分支手中时，家族内部就有可能上演争夺控制权的斗争，如果控制权之争趋向白热化，除了损害企业及外部利益攸关者利益之外，整个家族也难以在纷争中独善其身。尤其是在华人地区家族企业中，父子相争、夫妻反目，兄弟相残的案例并不少见，严重的家族和企业最终一起走向分崩离析（高皓等，2020）。反之，当家族失去了对企业的临界控制权，或者当家族企业传递至第三代以后的家族成员手里时，控制权均匀分布在为数众多的家族成员手中，此时，家族就会成为一个"搭便车"的消极股东，企业更接近于典型意义上的公众公司。职业经理人而非家族支配了企业，"股东—经理人"委托代理问题重新成为企业治理的核心问题，这是英美国家中一部分家族企业的演化路径。

第四节　宏观视角：家族如何嵌入于社会？

如果"企业嵌入家族"及由此产生的家族治理情境决定了企业差异化的

行为与绩效，那么，又是什么因素在影响企业嵌入家族的程度呢？最近十余年里，学者逐步发现全球范围内企业（尤其是大型企业与企业集团）嵌入家族的程度存在很大差异。Franks 等（2004）观察到在过去的一个多世纪里，美国和英国的企业逐步脱离了家族管理、控制和所有，公众公司占据了市场主导地位；La Porta 等（1999）则发现在包括欧洲大陆、东亚、南美洲等地，家族企业和集团仍然是最主要的公司治理模式；Khanna 等（2004）甚至发现在最近大半个世纪里，印度等国企业嵌入家族的程度不仅没有降低，反而在逐步提高。Morck 等（2005b）则发现即使同一国家在不同历史时期，嵌入程度也会发生非单调性变化：加拿大的家族企业集团在 20 世纪初占据了主导地位，在世纪中叶逐渐式微，而到了世纪末又重新兴盛起来，在整个 20 世纪呈现出 U 形分布；而意大利的轨迹却恰好相反，在同一时期内呈现倒 U 形分布（见图 8.3）。马骏等（2020）就中国 2004—2017 年家族企业的研究表明，相当一部分家族企业上市后，会先经历"去家族化"，然后"再家族化"的动态转型过程。

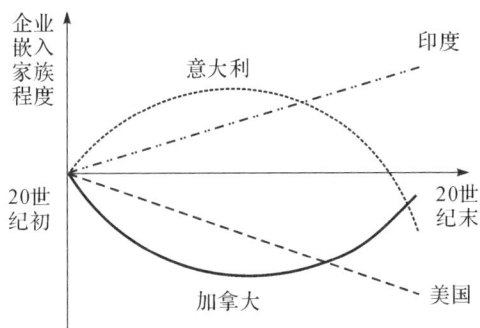

图 8.3　不同国家中企业嵌入家族程度的演变轨迹

钱德勒（1987）较早注意到技术、市场和企业规模等经济因素在这一问题上产生的影响，但直到最近十余年人们才意识到除了纯经济因素之外，社会因素也会产生极其深刻的作用。La Porta 等（1999）指出法律对投资者的保护程度决定了是家族企业集团还是公众公司成为市场主角。如果这仅仅是

"不自觉"地使用社会嵌入理论的一个发端,那么相关研究仍然薄弱,除了法律之外,包括税收制度、产业政策在内的规制,政治结构、社会文化等因素都会对企业嵌入家族的程度产生影响。如果将"企业嵌入家族"称为第一类嵌入问题,那么"家族嵌入社会"就可以称为第二类嵌入问题,我们认为第二类嵌入问题在一定程度上决定了第一类嵌入问题,换言之,要解答企业如何及在何种程度上嵌入家族,必须首先回答家族是怎样嵌入社会的。

在宏观视角上,家族主要在法律 / 规制维度(图8.2 箭头8)、政治结构维度(图8.2 箭头9)和社会文化维度(图8.2 箭头10)嵌入于社会网络之中,上述三个维度根本上影响乃至决定了企业嵌入家族的程度,以及由嵌入而产生的差异化的家族治理情境,社会文化嵌入还构成了家族认知一个最初、最重要的来源,从而间接对企业行为和绩效产生影响。三者的区别在于法律与规制的嵌入是一种显性并且强制性嵌入,社会文化嵌入是一种隐性、非强制性嵌入,而政治结构嵌入则介于两者之间。以下通过不同国家和地区之间的横向比较视角,以及同一国家不同历史阶段的纵向演化视角来剖析第二类嵌入对第一类嵌入的作用机制。

一、法律 / 规制嵌入

法律 / 规制嵌入是指个体或组织的行为受到外部正式制度框架的制约,这里是指家族的行为除了受到投资者保护的法律约束之外,还会受到税收制度、产业政策等正式规制影响,并且后者的影响在短时期内表现得更为明显。学者起初关注的重心聚焦于投资者法律保护,La Porta 等(1999)的研究表明,对投资者权益的法律保护是影响家族股东寻求控制权私利的一个关键因素,普通法系国家能够比大陆法系国家更好地抑制家族对中小股东的侵占行为,企业在"股东—股东"代理问题上更接近于管家。法律嵌入还直接影响企业嵌入家族的程度,Burkart(2003)的研究显示,企业权力嵌入家族程度与法律对家族权益的保护程度呈负相关:在法律系统完善的国家,家族聘请高素质外部经理人是明智之举，既然自身投资权益得到了充分保护，家族就会安心于扮演一个消极股东的角色；相反，如一国的法律保护极度弱化，对外部经理人授权无异于请贼入室，家族就会任用具有血亲关系的内部人；如一国的法律体系居于两者之间，家族会在把管理权让渡给外部经理人的同时维持大股东地位，确保继续控制企业，以便有效监督外部经理人。Burkart（2003）的研究表明法律对投资者保护和投资者自身对职业经理人监管是一组替代品，换言之，法律保护会降低家族所有权、控制权与管理权分离的成本，伴随着法律保护水平的提升，企业权力嵌入家族的程度会逐步下降。陈德球等（2013）对中国的研究发现，企业所在地区法律制度效率越高，家族股东的控制权和现金流权偏离程度就越低。徐细雄等（2018）的研究亦支持了这一结论，企业所在地区法律对投资者保护越完善，经理人市场越发达，则创始人家族越倾向将控制权让渡给职业经理人。

除了法律之外，税收制度、行业政策等规制也会对企业嵌入家族的程度产生影响，由于这些因素与企业治理似乎并无直接关系，因而一直到最近才被学者重视。例如，Morck（2004）对加拿大家族金字塔集团的研究显示，嵌入程度与继承税之间存在紧密关系。20世纪40年代，家族继承人被迫卖掉手中的股票以支付联邦政府新推出的巨额继承税，随着家族股权集中度的下降，家族金字塔集团开始逐步瓦解了，取而代之的是分散持股的公众公司。但到了70年代，政府又彻底废除了继承税，代之以漏洞诸多的资产利得税，家族金字塔集团随之卷土重来。这个兴衰周期内有关投资者保护的法律制度并没有发生大的变化，因而可以认为是税收政策而非法律制度在背后起了主导性作用。Morck（2004）认为尽管缺乏足够证据显示继承税是造成上述变化的唯一原因，但毋庸置疑这是一个重要原因。相形之下，20世纪20年代金字塔集团在美国占据了主导地位，但在30年代之后，政府除了立法禁止家族金字塔集团涉足公共事业部门之外，还对金字塔集团内公司之间支付股利征收双（多）重利得税，而对公司向个人支付股息则仅征收单重利得税，使金字塔集团在税收规避上处于极其不利的位置。美国最终成为大中型企业从家族中剥离得最为彻底的国家之一，公司间利得税政策无疑是促成这种转变的重要因素之一。

二、政治结构嵌入

所谓政治嵌入是指个体或组织行为受到历史政治进程及现有政治格局的影响。Morck 等（2005b）深刻地指出，"公司治理是经济权力分配的一个重要决定因素，因而也是政治及意识形态变革中的关键一环"。马骏等（2020）对当前中国上市家族企业的研究表明，实际控制人的政治关联所带来的资源与合法性优势，能够代替一部分企业正式治理机制，进而强化了家族对企业涉入和控制的意愿和程度。瑞典家族与社会民主党之间的合谋关系为剖析家族嵌入政治提供了一个鲜活案例。Holmén（2004）的研究表明，瑞典的企业集团之所以稳固地嵌入家族之中，是 20 世纪 30 年代之后社会民主政治的结果。瑞典大家族与社会民主党之间保持着相互依存的共生关系，一方面，为了维持既有利益格局，大家族选择了支持社会民主党推行的平等福利国家政策；另一方面，社会民主党希望大型企业继续掌控在瑞典人手里，其充当了家族及家族企业集团实际上的担保人。社会民主党为大家族赖以生存的金字塔结构和双重股票制度提供政策支持，并为金字塔集团利用内部留存收益的扩张行为提供补贴，而对支付给社会股东的股利课以重税，这种政策推行的结果是强化了家族企业集团。

由于有上述政策的支持，加之金字塔结构本身具有的内部融资优势，企业集团的内部融资成本要低于证券市场的外部融资，瑞典形成了一种由政治因素主导的融资排序。由于企业集团不需要依赖外部资本市场公开发行股票来募集资金，瑞典大家族躲避了英、美大家族股权被稀释的命运，在社会大变革中仍然牢牢保留着企业控制权。这种合谋关系诱导企业集团滑向一个糟糕的代理人，由于投资决策很大程度上取决于已有留存收益，而非未来预期收益，企业集团的投资决策具有明显的路径依赖——对传统行业投资过度，而对新兴产业投资严重不足，在新兴领域鲜有突破性的技术创新，导致其在应对外部冲击时日渐脆弱不堪。如 Khanna 等（2007）指出的，绝大多数家族企业集团都离不开政府的强力支持，一些研究者甚至将其视为依靠政府寻租而存活的"寄生虫"，这也不足为奇。

但是，印度塔塔（Tata）家族及其企业集团展现了另一版本关于政治嵌入的案例。印度独立之前的塔塔家族与殖民政府保持了密切的关系，在后者庇护下塔塔集团发展成为印度第一大集团，但印度独立后塔塔家族便彻底丧失了政治影响力，企业集团长期受到政府的压制。然而，上述巨变恰恰成了激发塔塔家族企业家精神的契机，企业集团从一味依赖政治寻租的代理人逐步转化为一个富有创业精神的管家，不仅在困境中生存了下来，还向多个竞争性领域进行了扩张。20 世纪下半叶，塔塔集团敏锐地抓住了信息技术变革带来的市场机遇，利用内部资源建立了第一家本土软件企业。并且，Khanna等（2004，2007）惊奇地发现塔塔集团不仅没有阻止新企业进入，反而为后来者提供便利，很大程度上为今天印度软件行业的全球地位奠定了基础。可见，即使同一家族企业集团到底是"典范"还是"寄生虫"也没有简单定论，要视不同时期的政治情势和集团自身的属性而定。

三、社会文化嵌入

社会文化嵌入是指个体或组织的行为受到集体认知或集体共享知识集的约束和影响。一个地区或民族的文化传统构成了家族认知最直接、最主要的来源，通过影响家族认知的形成，一定程度上决定了关系嵌入和权力嵌入的程度。传统宗族观念深刻地影响了华人地区企业嵌入家族的程度，潘越等人（2019a，2019b）的研究发现，在中国传统宗族文化浓厚的地区，更多宗族成员参与企业的股权融资，民营企业可以依托宗族从上下游获得更多商业信用。同时，民营上市公司实际控制人的宗族观念越强，其亲属参与公司治理的程度越高。进一步研究还发现，传统宗族文化的影响在宗族影响力大、外部法律监管环境差的地区更为突出。而宗教则削弱了传统宗族文化的影响，企业所在地区宗教传统越浓厚，民营企业创始资金来源构成中来自创业者个人的出资比例越低，来自家族外部成员的出资比例相应就越高（辛宇等，2016）。

Stulz 等（2003）针对 49 个国家的实证研究表明，与法律渊源（大陆法系或普通法系）、单位资本产出率、国际贸易开放程度等经济因素相比，宗教（相应所使用语言）因素更好地解释了不同国家之间投资者保护程度的差异，相比之下，新教国家对投资者保护程度要显著高于天主教国家。原因在于和天主教国家（尤其是西班牙语系天主教国家）相比，新教国家中有关投资者保护法律的实施强度和执行效率要更高一些，他们发现很难在法律体系来源与实施强度之间找到对应关系，但却很容易在文化因素与法律实施强度之间发现内在关联性。如果沿着 Burkart 等（2003）的思路，即法律对投资者保护和其自身对外部经理人的监管是一组替代品，较高的法律保护程度会降低家族所有权、控制权与管理权从企业中抽离出来的成本，那么，Stulz 等（2003）的结论意味着即便共享同一法律渊源，天主教国家企业要比新教国家企业更加深入地嵌入家族之中。不难发现，不同地区企业嵌入家族程度的差异反映了超出经济、法律和规制之外的非正式社会文化因素的深刻影响。

英国家族金字塔控股结构的演变诠释了文化是如何影响家族认知，又是怎样影响企业嵌入家族程度的。20 世纪五六十年代，英国的家族金字塔控股结构曾经与欧洲大陆一样兴盛，但与欧洲大陆不同，它仅仅作为一种对抗敌意收购的防御措施而存在，家族并没有利用这一结构来侵占社会股东利益。如果把历史再往前延伸，在此之前法律没有明文禁止家族构建金字塔结构，政府税收也没有对金字塔结构内的企业实施歧视性政策，但英国家族并没有像其他欧洲大陆同行那样热衷于构建金字塔结构，即便它可以为获取控制权私利提供诸多便利。如何解释英国家族在"股东—股东"代理问题上担当起了管家身份呢？五六十年代有关投资者保护的法律才刚刚起步，可见这并非源于当时投资者受到较高水平保护，在 Franks 等（2004）看来，答案在于英国社会长期以来积淀了更高水平的"道德水准"——正如那个时代的学者 May（1939）所言，"在英格兰，（经济活动）良好的行为惯例主要来自个人的自我约束，以及不成文的道德准则和自我强加的清规戒律……道德规则代替了法律条文上信托责任的缺失"。部分基于此，部分由于机构投资者和银行的介入，20 世纪 70 年代以后英国家族便彻底摒弃了金字塔控股结构，成为世界上企业嵌入家族程度最低的国家之一。

事实上很难将法律及规制嵌入、政治嵌入和文化嵌入一一理清，各个维度的嵌入往往纠缠在一起，某一维度的正向作用可能被另一维度的负向作用抵消。例如，Aganin 等（2003）发现意大利在引入公司间利得税后，并没有像美国那样有效遏制家族控制的金字塔结构，原因可能是税收政策存在漏洞或者没有得到有效实施，我们认为可能是意大利的天主教传统抵消了税收制度的作用。又如，瑞典属于斯堪的纳维亚大陆法系国家，投资者保护水平高于同属于大陆法系的法国和德国，甚至高于普通法系国家，Coffee（2001）认为不是法律渊源而是社会规范的差异造成了上述区别，所谓社会规范涵盖了社会凝聚力和同质水平、对攫取控制权私利的认同态度等。然而，在很高的投资者保护水平之下瑞典的企业集团仍然稳固地嵌入家族之中，我们认为瑞典的政治结构显然在其中起了主导作用。同时，在不同国家乃至同一国家的不同历史时期，法律及规制嵌入、政治嵌入和文化嵌入之间也会呈现出此消彼长的态势，无论哪一个维度都很难长期、持续地起主导作用。进一步而言，不同维度还会相互转化，例如在一定条件下，隐性文化嵌入会转化为显性法律和规制嵌入，如果后者具有足够的稳定性，长远来看也可能会转化为文化嵌入。最终，社会因素与技术、市场等经济因素产生合力，共同决定了企业嵌入家族的程度，并间接对企业行为和绩效发生影响。

第五节　本章小结

家族成员内部的利他行为会外化为家族企业的利他行为还是利己行为？

本章指出，现实中的家族企业既不是纯粹利己的代理人，也不是纯粹利他的管家，要准确地剖析其行为选择和绩效表现，有必要对两个彼此割裂的角色进行兼容。

社会嵌入理论为实现两个角色的融合提供了一个可行途径，我们把微观上"企业如何嵌入于家族"和宏观上"家族如何嵌入于社会"在同一分析框架之中衔接起来，认为微观视角的嵌入决定了家族影响企业的行为导向及可能的绩效表现，而宏观视角的嵌入则决定了企业在多大程度上嵌入家族之中，即后一类嵌入问题一定程度上决定了前一类嵌入问题。具体而言，首先，在微观上家族企业主要在家族认知、关系和权力三个维度上嵌入家族，但家族对企业行为及绩效的最终影响具有不确定性，企业选择代理人还是管家角色主要取决于由认知、关系和权力嵌入而产生的"家族治理情境"，其中涉及家族共享知识、家族成员特质与关系、家族权力结构、家族代际数等一系列治理变量。由于不同企业所处的家族治理情境千差万别，即使同一企业面临的家族治理情境也是复杂多变的，因此，家族对企业行为的影响具有状态依存性，即随着家族治理情境的变化在两个对立的角色之间移动，呈现出复合、动态特征。其次，在宏观上家族主要在法律与规制、政治结构和社会文化三个维度嵌入社会网络之中，不同维度的嵌入往往纠缠在一起，并在一定条件下相互转化，最终与技术、市场等经济因素产生一种合力，共同决定了企业嵌入家族的程度，简言之，宏观层面的嵌入决定了微观上家族能够在多大程度影响企业的行为选择以及可能的绩效表现。

除了试图消除代理理论与管家理论之间彼此割裂的格局，建立起更加具有解释力的企业行为选择理论，本章也为家族企业治理的优化提供了几点启示：

其一，从狭义治理视角而言，由于企业在不同程度上嵌入家族，因此企业治理的优化离不开家族治理的优化，后者甚至成为前者的前提。其二，由于家族在不同程度上嵌入社会，并决定了企业在大多程度上嵌入家族，法律与规制、政治结构和社会文化等因素一起构成了广义上的企业治理环境，而狭义企业治理的变化是对广义企业治理环境变化的一种自适应。因此，一定程度上企业治理优化的实质是外部广义治理环境的改善，后者是前者的基础。其三，如果承认大中型企业从家族中抽离是一个具有普遍性、一般性的规律，那么任意两个国家或地区的演进路径都会存在一定差异，或者说，不存在一条适用于不同社会环境下企业通行的演化路径，并且这个抽离的过程具有可逆性、反复性和复杂性。

第九章 结 论

本书研究了差序格局这一中国本土社会极具代表性的传统非正式制度对家族企业治理结构及绩效的影响，构建起一个包括内涵界定、度量体系、机理分析和实证检验在内的系统分析框架。笔者认为，随着中国社会市场化、法制化进程的逐步深化，差序格局无论在作用范围还是在作用程度都处于不断弱化的过程中，但迄今为止，仍然对当前人们的社会经济活动，尤其是家庭生活及家族企业产生着极为重要的影响，并且，这种影响在未来较长时期内也不会消失。在上述基本判断成立的前提下，我们认为本书的研究内容在当前具有重要的理论价值和实践意义。

作为本书收尾部分，大致上可以用一段简洁明了的语句来概括本书得出的主要结论：

差序格局这一中国本土社会最具典型性的传统非正式制度，在经济学意义上是一种与"市场机制"并行且互补的资源配置方式，实质是利他行为水平在作为个体的"己"与不同人之间的差序式分布结构，而利他行为在家庭与家族企业的资源配置上是一柄双刃剑。就当前上市家族企业而言，差序格局及其利他行为不仅影响了企业的所有权、控制权配置这一治理结构的核心问题，并且对企业的治理绩效产生影响，总体上降低了企业代理成本，提升了企业智力资本，但同时降低了企业研发投入。利他行为对家族企业影响的导向及其程度，取决于"家族治理情境"及广义上的企业外部治理环境。

进一步对上述论述稍作展开，同时也是对本书一开始就提出的五个问题的逐一回答，即本书得出了下述五个结论。

结论一：

差序格局在经济学意义上是一种资源配置方式，是中国本土社会除了市场这一只无形之手之外，另一只参与稀缺资源配置的无形之手，其实质是利他行为水平在作为个体的"己"与不同人之间的差序式分布结构。

在社会学意义上，差序格局是传统中国本土社会结构和人际交往模式的根本特征，但隐藏在其背后也更加深刻的，是经济学意义上的资源配置功能：首先，差序格局是在正式制度体系长期发育不足，各类要素市场发育发展滞后的环境下，民营企业家，尤其是大部分从田间"洗脚上岸"、白手起家创办企业的第一代企业家，获取人力资本、金融资本等各类要素的一种重要的非正式方式。其次，差序格局会从最初和最核心的层面影响了企业所有权、控制权、管理权在不同人员中的配置，进而在深层次上对企业治理结构的形成和绩效产生重要影响。在上述两个层面上，差序格局是除了市场这一只无形之手之外，另一只参与稀缺资源和权力配置的无形之手。

差序格局是中国传统儒家伦理所搭建和维系的，表现为人与人之间的各种责任、义务及温情脉脉的"人情"。但从经济学意义上而言，是传统中国社会一种系统化的、稳定的资源分配方式，其实质是作为个体的"己"与不同人之间在利他行为水平上的差序式分布结构，即以"己"为中心，呈现由内圈到外圈逐步降低的整体特征。推动和维系差序格局运转的力量是利他行为，随着"己"与不同对象之间利他行为水平的减弱，所谓的责任、义务与人情也"愈推愈远，也愈推愈薄"。可以把差序格局也视为一只无形之手，它和市场这只"看不见的手"的最大差异在于利他行为是否系统性地参与了资源配置，这导致两者的作用机理截然相反，前者建立在儒家伦理之上的利他行为，后者依托价格体系之下的自利行为。

结论二：

利他行为从家庭组织延伸和渗透至家族企业组织，家族企业中的利他行为是家庭中利他行为的放大和进一步复杂化。利他行为是一柄双刃剑，既可能缓解家族企业内部的资源配置，也可能导致其恶化。其对企业委托代理关系的影响并不确定，最终取决于家族成员的内在特质和家族企业的外部情境。

利他行为有利于培养家族成员之间的忠诚，缓解信息不对称，降低交易成本。在一定程度上，根植于业主和家族代理人之间的利他行为，是家族企业区别于其他类型企业最重要的因素。但是，作为一种资源配置方式，如同市场中的利己行为会发生失灵一样，利他行为也会发生失灵，产生业主与家族经理人之间的一系列委托代理问题。利他行为对家族企业的资源配置及代理关系的最终影响并非一成不变的，而是取决于家族成员自身的特质和家族企业所处的具体外部情境。

首先，取决于业主的自我约束水平。当业主自我约束水平较高时，利他行为可以缓解家族企业的代理问题；反之，则会导致其恶化。业主的自我约束水平又受到所有者控制、股份流动性、企业发展阶段等因素的影响。其次，取决于家族成员之间利他行为的对称性。双向、对称的利他行为能够促使家族成员把机会主义行为的成本内部化，有效缓解以至完全抑制偷懒、在职消费等行为，否则会不同程度地引发"撒玛利亚人困境"等代理问题。最后，产品市场竞争程度也会直接影响到利他行为的最终效应。利他行为对家族企业代理关系的最终影响还需要通过竞争性市场来检验，离开了竞争性市场中的利己主义，不仅不能发挥利他行为的资源配置功能，反而会导致代理问题的恶化。可以认为，利他行为和自利行为皆是资源配置不可或缺的手段，两者互相补充，处在有效竞争市场中的自利行为是家族企业中利他行为发挥积极效应的前提条件。

结论三：

差序格局能够对家族企业治理结构的核心领域，即权力配置产生重要影响，即总体上，企业权力在家族成员中的配置呈现出与业主的亲缘利他行为水平的高低相对应的"差序式"分布结构。换言之，以业主个体为中心的人际关系的差序格局会映射到公司治理结构之中，产生了权力分配的差序结构，但是，其对所有权、投票权和管理权这三类权力配置的影响程度存在差异。

具体而言，第一，差序格局对企业所有权和投票权的配置上均产生了显著影响，即业主与家族成员之间的亲缘利他行为水平越高，家族成员获得的这两类权力越多。第二，相比之下，差序格局对企业投票权配置的影响最为显著，即家族成员拥有的投票权与其在差序格局中的位置，即他与业主之间的利他行为水平的相关度最高。第三，差序格局对企业管理权配置的影响最弱，家族企业中管理权的配置仅仅呈现出部分的差序格局特征，亲缘利他行为仅限于影响了核心家族成员中管理权的分配。因此，从整体上看，控制权配置中的差序格局效应最为明显，所有权配置次之，管理权配置为末。第四，个人的能力水平对家族成员中三类权力的分配均产生了显著影响，尤其体现在管理权的分配上，所起的作用要大于其他两类权力，体现了家族"任人唯贤"的一面。

结论四：

差序格局能够在多个维度对家族企业的治理绩效产生影响，其总体上降低了当前中国家族企业的代理成本，提升了家族企业的智力资本，同时也降低了家族企业的研发投入，但并非越靠近差序格局中心位置的核心高管的研发投入就越保守。

第一，差序格局总体上降低了家族企业的代理成本，家族经理人群体总体上扮演了好"管家"角色。但是，差序格局对代理成本的影响随着企业内部组织环境的改变而变化，当企业成长至一定阶段后，对代理成本的消极效应逐步上升；差序格局对代理成本的影响也随着外部制度环境的改变而变化，只有在相对规范的制度环境下才能降低代理成本。家族企业中的利他行为总体水平对代理成本也产生了类似的影响。第二，差序格局提升了家族企业的智力资本水平。差序格局越复杂就意味着家族成员之间亲缘关系种类越多，个体在知识结构、思维方式等方面的差异越大，企业获得的异质性资源就越多，从而有利于提高企业智力资本水平。并且，差序格局还能降低两权（控制权与现金流权）分离对企业智力资本造成的负面作用。第三，差序格局总体上降低了家族企业的研发投入，内部人比外部人在研发投入上更为保守。但是，内部化程度与研发投入率并非呈简单负相关，即并非越靠近差序格局中心位置的高管研发投入就越保守，而是呈现出左高右低的不对称 U 形关系，处在差序格局内圈位置的核心高管人员，在创新投入上比处在差序格局外圈位置的更为保守。在内部人中，最靠近"差序格局"中心的核心高管人员的创新活动恰恰是最为进取的，在研发成本的会计处理上也是最"实在"的。

结论五：

家族企业内部的利他行为并不一定能外化为家族企业对利益攸关者和社会的利他行为，家族对企业行为选择的影响具有不确定性，现实中家族企业的行为具有两面性，是正面角色的"管家"和负面角色的"代理人"的叠加与复合。在微观层面上，"企业如何嵌入家族"决定了家族影响企业的行为导向及可能的绩效表现；而在宏观层面上，"家族如何嵌入社会"则决定了企业在多大程度上嵌入于家族之中，即后一类嵌入问题一定程度上决定了前一类嵌入问题。

具体而言，在微观上，家族企业在认知、关系和权力三个维度上嵌入家族，但家族对企业行为及绩效的最终影响具有不确定性，企业选择扮演代理人还是管家角色主要取决于由家族认知、关系和权力嵌入而产生"家族治理情境"。由于"家族治理情境"具有复杂多变性，导致家族对企业行为的影响也具有状态依存特征，即随着家族治理情境的变化在两个角色之间位移。因此，企业治理的优化离不开家族治理的优化，后者甚至构成了前者的条件。在宏观上，家族主要在法律与规制、政治结构和社会文化三个维度嵌入社会网络中，不同维度的嵌入彼此影响乃至相互转化，最终与技术、市场等经济因素产生合力，一起决定了企业嵌入家族的程度。简言之，宏观层面嵌入决定了微观上家族能够在多大程度影响企业的行为选择以及可能的绩效表现。由于法规、政治和文化等因素一起构成了广义企业治理环境，而狭义企业治理的变化是对广义企业治理环境变化的一种自适应，因此，可以认为企业治理优化实质上是外部广义治理环境的改善的结果，后者构成了前者的基础。

参考文献

［1］卜长莉."差序格局"的理论诠释及现代内涵［J］.社会学研究，2003（1）：
21–29.

［2］柴玲，包智明.当代中国社会的"差序格局"［J］.云南民族大学学报（哲
学社会科学版），2010（2）：44–49.

［3］陈德球，金雅玲，董志勇.政策不确定性、政治关联与企业创新效率[J].南
开管理评论，2016，19（4）:27–35.

［4］陈德球，李思飞.政府治理、产权偏好与资本投资[J].南开管理评论，
2012，15（1）:43–53.

［5］陈德球，魏刚，肖泽忠.法律制度效率、金融深化与家族控制权偏好［J］.
经济研究，2013，48（10）：55–68.

［6］陈冬华，胡晓莉，梁上坤，新夫.宗教传统与公司治理［J］.经济研究，
2013，48（9）：71–84.

［7］陈建林，冯昕珺，李瑞琴.家族企业究竟是促进创新还是阻碍创新？——争
论与整合［J］.外国经济与管理，2018（4）：140–152.

［8］陈建林.家族管理对民营企业债务融资的影响：基于代理成本理论［J］.广
东财经大学学报，2016，31（1）：70–77.

［9］陈建林.家族企业高管薪酬机制对代理成本影响的实证分析［J］.经济管理，
2010，32（4）：72–77.

［10］陈建林.利他主义、代理成本与家族企业成长［J］.管理评论，2011，23（9）：

65-72.

[11] 陈建林.上市家族企业管理模式对代理成本的影响——代理理论和利他主义理论的争论和整合 [J].管理评论，2012（5）：53-59.

[12] 陈凌，鲁莉劼.家族企业、治理结构与企业绩效——来自于浙江省制造业的经验证据 [J].中山大学学报（社会科学版），2009，49（3）：203-212.

[13] 陈凌，吴炳德.从二元性走向二重性：反思家族企业与创新的关系 [J].福建论坛（人文社会科学版），2014（3）：17-21.

[14] 陈凌，朱建安，祝双夏.从李国庆、俞渝之争看家族企业中的夫妻关系 [J].家族企业，2020（Z1）：76-79.

[15] 陈仕华,郑文全.公司治理理论的最新进展:一个新的分析框架[J].管理世界，2010(2):156-166.

[16] 陈爽英，傅锋，井润田.政治关联对研发投资的影响：促进还是抑制 [J].科研管理，2020，41（1）：184-192.

[17] 陈志军，董美彤，马鹏程，闵亦杰.媒体与机构投资者关注对内部控制的交互作用——来自国有企业的经验数据 [J].财贸研究，2020，31（9）：99-110.

[18] 程敏英，魏明海.关系股东的权力超额配置 [J].中国工业经济，2013（10）：108-120.

[19] 储小平,李怀祖.家族企业成长与社会资本的融合[J].经济理论与经济管理，2003（6）：45-51.

[20] 储小平，李怀祖.信任与家族企业的成长 [J].管理世界，2003（6）：98-104.

[21] 储小平.职业经理与家族企业的成长 [J].管理世界，2002（4）：100-108，147.

[22] 邓浩，贺小刚，肖玮凡.亲缘关系与家族企业的高管变更——有限利他主

义的解释［J］.经济管理，2016，38（10）：66-86.

［23］戴亦一，肖金利，潘越."乡音"能否降低公司代理成本？——基于方言视角的研究［J］.经济研究，2016，51（12）:147-160，186.

［24］窦军生，张玲丽，王宁.社会情感财富框架的理论溯源与应用前沿追踪——基于家族企业研究视角［J］.外国经济与管理，2014（12）：64-71，80.

［25］杜善重，李卓.亲缘关系与双元创新——来自中国家族上市公司的经验证据［J］.经济与管理研究，2019（10）：115-131.

［26］樊纲，王小鲁，朱恒鹏.中国市场化指数——各地区市场化相对进程2011年报告［M］.北京：经济科学出版社，2011.

［27］费孝通.乡土中国［M］.上海：生活·读书·新知三联书店，1985.

［28］费孝通.乡土中国生育制度［M］.北京：北京大学出版社，1998.

［29］冯仕政.沉默的大多数：差序格局与环境抗争［J］.中国人民大学学报，2007（1）：122-132.

［30］冯仕政.重返阶级分析？——论中国社会不平等研究的范式转换［J］.社会学研究，2008（5）：203-228.

［31］盖尔西克.家族企业的繁衍［M］.北京：经济日报出版社，1998.

［32］古志辉，王伟杰.创业型家族企业中的亲缘关系与代理成本［J］.管理学报，2014，11（12）：1806-1817.

［33］古志辉，张永杰，孟庆斌.儒家如何影响股利政策？［J］.系统工程理论与实践，2020，40（9）：2236-2251.

［34］古志辉.全球化情境中的儒家伦理与代理成本［J］.管理世界，2015（3）：113-123.

［35］郭于华.农村现代化过程中的传统亲缘关系［J］.社会学研究，1994（6）：49-58.

［36］郭跃进.论家族企业家族化水平的测定原理与方法［J］.中国工业经济，2002（12）：87-91.

［37］哈特，费方域 . 企业、合同与财务结构［J］. 中国商界，2016（12）：125.

［38］何轩，李新春 . 中庸理性影响下的家族企业股权配置：中国本土化的实证研究［J］. 管理工程学报，2014，28（1）：1-9.

［39］贺小刚，李新春，连燕玲，张远飞 . 家族内部的权力偏离及其对治理效率的影响——对家族上市公司的研究［J］. 中国工业经济，2010（10）：96-106.

［40］贺小刚，李新春 . 家族企业的信任机制——以广东中山市家族企业为例［J］. 华南农业大学学报（社会科学版），2003（2）：28-34，45.

［41］贺小刚，连燕玲，李婧，梅琳 . 家族控制中的亲缘效应分析与检验［J］. 中国工业经济，2010（1）：135-146.

［42］贺小刚，连燕玲 . 家族权威与企业价值：基于家族上市公司的实证研究［J］. 经济研究，2009，44（4）：90-102.

［43］赫国胜，耿丽平 . 智力资本对上市商业银行绩效的影响——基于 VAIC 测算方法的实证研究［J］. 金融论坛，2020（3）：29-37.

［44］胡道勇，裴平 . 实际控制人、两权分离与隧道行为——基于 2009 年中国制造业上市公司的实证检验［J］. 南京社会科学，2012（9）：22-29.

［45］胡宁 . 家族企业创一代离任过程中利他主义行为研究——基于差序格局理论视角［J］. 南开管理评论，2016（6）：168-176.

［46］胡旭阳，吴一平 . 中国家族企业政治资本代际转移研究——基于民营企业家参政议政的实证分析［J］. 中国工业经济，2016（1）：146-160.

［47］胡旭阳 . 企业家政治身份"代际接力"与企业的社会责任担当——来自我国上市家族企业的经验证据［J］. 经济社会体制比较，2020（2）：100-108.

［48］黄灿，贾凡胜，蒋青嫚 . 中国宗教传统与企业创新——基于佛教传统的经验证据［J］. 管理科学，2019，32（4）：62-75.

[49] 黄光国 . 人情与面子：中国人的权力游戏 [M]// 杨国枢 . 中国人的心理 . 台北：

桂冠图书股份有限公司, 1988: 289–317.

［50］姜付秀，郑晓佳，蔡文婧. 控股家族的"垂帘听政"与公司财务决策［J］. 管理世界，2017（3）：125–145.

［51］姜涛，杨明轩，王晗. 制度环境、二代涉入与目标二元性——来自中国家族上市公司的证据［J］. 南开管理评论，2019（4）：135–147.

［52］焦豪，焦捷，刘瑞明. 政府质量、公司治理结构与投资决策——基于世界银行企业调查数据的经验研究[J]. 管理世界，2017（10）:66–78.

［53］来宪伟，许晓丽，程延园. 领导差别对待：中西方研究的比较式回顾与未来展望［J］. 外国经济与管理，2018，40（3）：92–106.

［54］乐菲菲，张金涛，魏震昊. 独立董事辞职、政治关联丧失与企业创新效率[J]. 科研管理，2020，41（2）：248–256.

［55］雷丁. 华人的资本主义精神 [M]. 谢婉莹，译. 上海：格致出版社，2009.

［56］李嘉明，黎富兵. 企业智力资本与企业绩效的实证分析[J]. 重庆大学学报（自然科学版），2004（12）：134–138.

［57］李婧，贺小刚，茆键. 亲缘关系、创新能力与企业绩效［J］. 南开管理评论，2010（3）：117–124.

［58］李婧，贺小刚. 创始人身份与组织能力的培育：来自创业家族企业的数据[J]. 苏州大学学报（哲学社会科学版），2017，38（4）：109–121.

［59］李连燕，王伟红. 国外智力资本书综述及展望［J］. 国外社会科学，2019（6）：89–97.

［60］李培功，沈艺峰. 媒体的公司治理作用:中国的经验证据[J]. 经济研究，2010，45（4）:14–27.

［61］李寿喜. 产权、代理成本和代理效率［J］. 经济研究，2007（1）：102–113.

［62］李新春，黄焕明. 家族企业的控制权革命［J］. 学术研究，2002（11）：21–24.

[63] 李新春，肖宵.制度逃离还是创新驱动?——制度约束与民营企业的对外直接投资［J］.管理世界，2017（10）：99-112，129，188.

[64] 李新春，叶文平，唐嘉宏，区玉辉.创始爱心资金获取：情感信任还是能力信任［J］.管理科学，2015，28（2）：40-48.

[65] 李新春，张书军.家族企业：组织、行为与中国经济［M］.上海：上海人民出版社、生活·读书·新知三联书店，2005.

[66] 李新春.单位化企业的经济性质［J］.经济研究，2001（7）：35-43.

[67] 李新春.经理人市场失灵与家族企业治理［J］.管理世界，2003（4）：87-95，154-155.

[68] 李新春.信任、忠诚与家族主义困境［J］.管理世界，2002（6）：87-93，133-155.

[69] 连燕玲，高皓，王东晓.家族控制、社会情感财富与IPO折价决策——基于中国家族上市公司的实证研究［J］.经济管理，2016（8）：120-134.

[70] 林英晖，程垦.差序式领导与员工亲组织非伦理行为：圈内人和圈外人视角［J］.管理科学，2017，30（3）：35-50.

[71] 蔺子荣.中国传统文化与东方伦理型市场经济[J].中国社会科学，1995(1):116-127.

[72] 刘玎琳.智力资本与企业成长关系研究［D］.南昌：华东交通大学，2011.

[73] 刘东辉.公司法如何面对家庭秩序——以一个家族公司的裁判为例［J］.交大法学，2019（3）：117-141.

[74] 刘鹤玲，蒋湘岳，刘奇.广义适合度与亲缘选择学说：亲缘利他行为及其进化机制［J］.科学技术与辩证法，2007（5）：26-29.

[75] 刘鹤玲.所罗门王的魔戒：动物利他行为与人类利他主义［M］.北京：科学出版社，2008.

[76] 刘军，章凯，仲理峰.工作团队差序氛围的形成与影响：基于追踪数据的实证分析［J］.管理世界，2009（8）：92-101.

［77］刘磊，万迪昉．家族企业所有者间控制权配置选择与演进［J］．中国工业经济，2006（3）：75-82.

［78］刘星，苏春，邵欢．家族董事席位配置偏好影响企业投资效率吗［J］．南开管理评论，2020，23（4）：131-141.

［79］刘学．"空降兵"与原管理团队的冲突及对企业绩效的影响［J］．管理世界，2003（6）：105-113.

［80］刘玉龙，任国良，文春晖．"虚""实"终极控制、金字塔组织演化与大股东掏空［J］．中国经济问题，2014（3）：40-49.

［81］刘运国，刘雯．我国上市公司的高管任期与 R&D 支出［J］．管理世界，2007（1）：128-136.

［82］卢馨，陈冉，张乐乐．金字塔股权结构、股权制衡与投资效率——来自民营上市公司的经验证据［J］．首都经济贸易大学学报，2019（5）：79-91.

［83］陆瑶，胡江燕．CEO 与董事间"老乡"关系对公司违规行为的影响研究［J］．南开管理评论，2016，19（2）：52-62.

［84］罗进辉．媒体报道与高管薪酬契约有效性［J］．金融研究，2018（3）：190-206.

［85］马行天，曹涵．智力资本信息披露研究综述［J］．科技管理研究，2019（24）：112-118.

［86］马骏，黄志霖．好马偏吃回头草？家族治理现代转型过程中的"再家族化"现象研究［R］．第十六届创业与家族企业国际研讨会论文，2020.

［87］马宁，姬新龙．风险投资声誉、智力资本与企业价值［J］．科研管理，2019（9）：96-107.

［88］梅波．行业周期、两类代理冲突与研发费用投入——来自企业和行业层面的证据［J］．财经论丛，2013（4）：73-80.

［89］闵亦杰，陈志军，李荣．家族涉入与企业技术创新［J］．外国经济与管理，2016（3）：86-98，112.

［90］潘必胜.中国的家族企业：所有权和控制［M］.北京：经济科学出版社，2009.

［91］潘越，宁博，戴亦一.宗姓认同与公司治理——基于同姓高管"认本家"情结的研究［J］.经济学（季刊），2020（1）.

［92］潘越，宁博，纪翔阁，戴亦一.民营资本的宗族烙印：来自融资约束视角的证据［J］.经济研究，2019a（7）.

［93］潘越，翁若宇，纪翔阁，戴亦一.宗族文化与家族企业治理的血缘情结［J］.管理世界，2019b，35（7）：116-135，203-204.

［94］钱德勒.看得见的手：美国企业的管理革命：The Managerial Revelution in American Business［M］.重武，译.北京：商务印书馆，1987.

［95］冉秋红，周宁慧.纵向兼任高管、机构投资者持股与智力资本价值创造［J］.软科学，2018（12）：50-54.

［96］饶育蕾，王颖，王建新.CEO职业生涯关注与短视投资关系的实证研究［J］.管理科学，2012（5）：30-40.

［97］沈毅.华人本土组织领导研究的基本脉络与再定位[J].管理学报,2012,9(5):629-636.

［98］沈艺峰，肖珉，林涛.投资者保护与上市公司资本结构[J].经济研究，2009，44（7）:131-142.

［99］宋丽红.家族企业更具有长期导向吗?——基于家族控制与传承意愿的实证检验［J］.杭州师范大学学报（社会科学版），2012，34（2）：88-94.

［100］宋世方.西方家庭经济理论的最新发展［J］.经济评论，2003（5）：75-79，84.

［101］苏启林，朱文.上市公司家族控制与企业价值［J］.经济研究，2003（8）：36-45，91.

［102］孙鲲鹏，王丹，肖星.互联网信息环境整治与社交媒体的公司治理作用［J］.管理世界，2020，36（7）：106-132.

[103] 孙立平."关系"、社会关系与社会结构［J］.社会学研究，1996（5）：20–30.

[104] 孙善林，彭灿.动态环境下智力资本与企业绩效的关系研究——以基于双元创新的视角［J］.科技管理研究，2017（8）：1–8.

[105] 孙羡.智力资本驱动中小企业成长的有效性探讨［J］.经济纵横，2012（9）：52–54.

[106] 谭庆美，王畅，周运馨，曲丹.家族企业亲缘利他行为对代理成本的影响——基于所有权发展阶段视角［J］.经济问题，2018（3）：57–65.

[107] 谭玥宁，黄速建.央企管理者来源对企业绩效的影响效果研究［J］.经济体制改革，2020（2）：97–104.

[108] 唐建荣，朱婷娇.家族企业终极控制者的隧道效应研究——以上市家族企业平衡面板数据分析为视角［J］.企业经济，2018（6）：54–60.

[109] 童星，瞿华.差序格局的结构及其制度关联性［J］.南京社会科学，2010（3）：42–48.

[110] 王陈豪，王轶，李红波.宗族文化与企业并购收益 [J]. 会计研究，2020（2）:101–116.

[111] 王河森，陈凌，王明琳.亲情原则还是能力取向？——家族上市公司权力配置机制的实证研究［J］.财经论丛，2012（2）：104–110.

[112] 王明琳，何秋琴.内部人的创新活动更为保守吗？——来自中国上市家族企业研发投入的经验证据［J］.外国经济与管理，2020，42（12）：104–118.

[113] 王明琳，徐萌娜，王河森.利他行为能够降低代理成本吗？——基于家族企业中亲缘利他行为的实证研究［J］.经济研究，2014（3）：144–157.

[114] 王明琳，徐萌娜.上市家族企业中差序格局的影响因素与治理绩效研究［J］.浙江学刊，2017（4）：94–101.

[115] 王明琳，徐萌娜.利他行为的治理机制及效率研究［J］.经济学家，2011

（12）：23–31.

[116]王明琳，周生春.控制性家族类型、双重三层委托代理问题与企业价值[J].管理世界，2006（8）：83–93，103.

[117]王宣喻，瞿绍发，李怀祖.私营企业内部治理结构的演变及其实证研究[J].中国工业经济，2004（1）：70–77.

[118]王艳，冯延超，梁莱歆.高科技企业R&D支出资本化的动机研究[J].财经研究，2011（4）：103–111.

[119]王燕妮.高管激励对研发投入的影响研究——基于我国制造业上市公司的实证检验[J].科学学研究，2011（7）：1071–1078.

[120]魏春燕，陈磊.家族企业CEO更换过程中的利他主义行为——基于资产减值的研究[J].管理世界，2015（3）：137–150.

[121]温忠麟，侯杰泰，张雷.调节效应与中介效应的比较和应用[J].心理学报，2005（2）：268–274.

[122]吴炳德，陈凌.社会情感财富与研发投资组合：家族治理的影响[J].科学学研究，2014（8）：1233–1241.

[123]吴超鹏，薛南枝，张琦，吴世农.家族主义文化、"去家族化"治理改革与公司绩效[J].经济研究，2019，54（2）：182–198.

[124]习近平.在民营企业座谈会上的讲话[EB/OL].（2018–11–01）[2021–02–01].http：//www.gov.cn/gongbao/content/2018/content_5341047.htm.

[125]辛宇，李新春，徐莉萍.地区宗教传统与民营企业创始资金来源[J].经济研究，2016，51（4）：161–173.

[126]辛允星.差序格局：中国社会转型的"文化软肋"——近15年来相关文献述评[J].原生态民族文化学刊，2018，10（3）：86–94.

[127]徐萌娜，王明琳，王河森.家族控制如何影响企业智力资本？——基于中国制造业民营上市公司的实证研究[J].财经论丛，2015（4）：97–104.

[128]徐细雄，李万利，陈西婵.儒家文化与股价崩盘风险[J].会计研究，2020

（4）:143–150.

[129] 徐细雄，李万利. 儒家传统与企业创新：文化的力量 [J]. 金融研究，2019
（9）:112–130.

[130] 徐细雄，淦未宇. 制度环境与技术能力对家族企业治理转型的影响研究 [J].
科研管理，2018，39（12）：131–140.

[131] 许年行，谢蓉蓉，吴世农. 中国式家族企业管理：治理模式、领导模式与
公司绩效 [J]. 经济研究，2019，54（12）：165–181.

[132] 严若森，姜潇. 关于制度环境、政治关联、融资约束与企业研发投入的多
重关系模型与实证研究 [J]. 管理学报，2019，16（1）：72–84.

[133] 严若森，祁浩，钱晶晶. 媒体关注对家族企业税收激进的影响——家族所
有权、家族管理涉入的调节作用 [J]. 财贸研究，2020，31（3）:97–110.

[134] 阎云翔. 差序格局与中国文化的等级观 [J]. 社会学研究，2006（4）：
201–213.

[135] 杨婵，贺小刚，徐容慈. "创一代—至亲"组合治理模式与企业绩效——
基于中国家族上市公司的实证研究 [J]. 经济管理，2018，40（6）：
17–37.

[136] 杨春学. 利他主义经济学的追求 [J]. 经济研究，2001（4）：82–90.

[137] 杨德明. 媒体为什么会报道上市公司丑闻？[C]//.2010 中国会计与财务研究
国际研讨会论文集，2010:61–84.

[138] 杨德明，林斌，王彦超. 内部控制、审计质量与代理成本 [J]. 财经研究，
2009，35（12）：40–49，60.

[139] 杨国枢. 中国人之缘的观念与功能 [M]// 杨国枢. 中国人的心理. 台北：桂
冠图书股份有限公司，1988:123–154.

[140] 杨其静. 企业成长：政治关联还是能力建设？[J]. 经济研究，2011，46
（10）:54–66，94.

[141] 杨瑞龙. 企业共同治理的经济学分析 [M]. 北京：经济科学出版社，

2001.

［142］杨善华，侯红蕊.血缘、姻缘、亲情与利益——现阶段中国农村社会中"差序格局"的"理性化"趋势［J］.宁夏社会科学，1999（6）：51–58.

［143］杨皖苏，赵天滋，杨善林.差序式领导、自我效能感与员工沉默行为关系的实证研究——雇佣关系氛围与组织结构有机性的调节作用［J］.企业经济，2018，37（10）：110–119.

［144］杨雅茹，陈博.亲缘利他、互惠利他、强制利他及合作机制的演化［J］.制度经济学研究，2014（2）：220–234.

［145］杨玉龙，潘飞，张川.差序格局视角下的中国企业业绩评价［J］.会计研究，2014（10）：66–73，97.

［146］姚文韵，梁方志，尤梦颖，吴思陶，沈永建.媒体不实报道的长期价值毁损效应研究——基于中联重科的案例分析［J］.会计研究，2019（11）：64–69.

［147］叶长兵.中国家族上市公司最终所有权结构研究［D］.杭州：浙江大学，2009.

［148］叶航，汪丁丁，罗卫东.作为内生偏好的利他行为及其经济学意义[J].经济研究,2005(8):84–94.

［149］易志高，潘子成，茅宁，李心丹.策略性媒体披露与财富转移——来自公司高管减持期间的证据［J］.经济研究，2017，52（4）：166–180.

［150］于伟，张鹏.组织差序氛围对员工漠视行为的影响：职场排斥和组织自尊的作用［J］.中央财经大学学报，2016（10）：122–128.

［151］余立智.现代家庭组织理论研究的最新进展及其启示［J］.财经论丛（浙江财经学院学报），2006（2）：8–13.

［152］余明桂，李文贵，潘红波.民营化、产权保护与企业风险承担[J].经济研究，2013，48（9）:112–124.

［153］张多蕾，刘永泽.民营企业存在盈余管理方式选择偏好吗——基于政治关

联视角［J］.财贸研究，2016，27（4）：147–156.

［154］张玲，储小平.理念型心理契约及其在我国管理实践中的意义［J］.汕头大学学报（人文社会科学版），2005（4）：45–48，52.

［155］赵宜一，吕长江.家族成员在董事会中的角色研究——基于家族非执行董事的视角［J］.管理世界，2017（9）：155–165.

［156］赵宜一，吕长江.亲缘还是利益？——家族企业亲缘关系对薪酬契约的影响［J］.会计研究，2015（8）：32–40，96.

［157］郑伯埙.差序格局与华人组织行为［J］.中国社会心理学评论，2006（2）：1–52.

［158］郑石桥，王建军，张伟.基于关键岗位开放和权力开放的民营企业公司治理研究［J］.中国工业经济，2008（8）：98–108.

［159］郑志刚.法律外制度的公司治理角色——一个文献综述[J].管理世界,2007(9):136–147,159.

［160］郑志刚，孙娟娟，Oliver.任人唯亲的董事会文化和经理人超额薪酬问题[J].经济研究，2012（12）：111–124.

［161］朱沆，Kushins E，周影辉.社会情感财富抑制了中国家族企业的创新投入吗？［J］.管理世界，2016（3）：99–114.

［162］朱建安，陈凌，巩键，张玮.江山靠谁守　才不付东流？——控股家族非经济目标与经营权释出倾向实证研究［J］.南方经济，2017（8）：29–48.

［163］朱益宏，周翔，张全成.私营企业家政治关联：催化了投机行为还是技术创新？［J］.科研管理，2016，37（4）：77–84.

［164］邹立凯，梁强，王博.基于权威转换视角的家族企业二代子女继任方式研究［J］.管理学报，2019，16（12）：1771–1780，1789.

［165］ Aganin A, Volpin P. History of Corporate Ownership in Italy[R]. ECGI – Finance Working Paper No. 17/2003.

［166］Aldrich H E，Cliff J E. The Pervasive Effects of Family on Entrepreneurship：

Toward A Family Embeddedness Perspective ［J］.Journal of Business Venturing, 2003（5）：573-596.

［167］ Allen F, Qian J, Qian M. Law, Finance, and Economic Growth in China ［J］. Journal of Financial Economics, 2005, 77（1）：57-116.

［168］Almirall E, Casadesus-Masanell R. Open Versus Closed Innovation: A Model of Discovery and Divergence ［J］. Academy of Management Review, 2010（35）：27-47.

［169］Anderson R C, Reeb D M. Founding Family Ownership and Firm Performance: Evidence from the S & P 500 ［J］. Journal of Finance, 2003（58）：1301-1328.

［170］André B, Berle A A, Means G G C. The Modern Corporation and Private Property［J］. The Economic Journal, 1969, 20（6）:81-112.

［171］ Ang J, Cole R, Lin J. Agency Costs and Ownership Structure ［J］.The Journal of Finance, 2000, 55（1）：81-106.

［172］Astrachan J H, Keyt A D. Commentary on: The Transacting Cognitions of Non-Family Employees in the Family Businesses Setting[J]. Journal of Business Venturing, 2003, 18: 553-558.

［173］ Ayyagari M, Demirgüç-Kunt A, Maksimovic V. Firm Innovation in Emerging Markets: The Role of Finance, Governance, and Competition ［J］.Journal of Financial and Quantitative Analysis, 2011, 46（6）：1545-1580.

［174］ Barontini R, Caprio L. The Effect Control on Firm Value and Performance: Evidence from Continental Europe ［R］.Working Paper, 2005.

［175］Barth E, Gulbrandsen T, Schone P. Family Ownership and Productivity: the Role of Owner-Management ［J］.Journal of Corporate Finance, 2005（11）：107-127.

［176］ Barro R J, Lee J W. International Data on Educational Attainment: Updates and Implications[J]. Oxford Economic Papers, 2001, 53(3): 541-563.

［177］ Becker G S. A Theory of Social Interaction ［J］.Journal of Political Economy, 1974

（82）：1063–1093.

［178］Becker G S. A Treatise on the Family［M］.Cambridge： Harvard University Press，1981.

［179］Beeh T A，Drexler J A，Faulkner S. Working in Small Family Businesses［J］. Journal of Organizational Behavior，1997（18）：297–312.

［180］Bergstrom T C. A Fresh Look at The Rotten Kid Theorem and Other Household Mysteries［J］.Journal of Political Economy，1989（97）：1139–1159.

［181］Berk R A, Berk S F. Supply–side Sociology of the Family: The Challenge of the New Home Economics[J]. Annual Review of Sociology, 1983(9): 375–395.

［182］Berk R A. The New Home Economics: An Agenda for Sociological Research[M]// Berk S F. (Eds.). Women and Household Labor. Hills/London: Sage, 1980: 113–148.

［183］Berle A, Means C. The Modern Corporation and Private Property[M]. New York: Macmillian, 1932.

［184］Bernheim B，Douglas，Stark，Oded. Altruism within the Family Reconsidered： Do Nice Guys Finish Last?［J］.American Economic Review，1988（78）： 1034–1045.

［185］Berrone P，Cruz C，Gomez–Mejia L R. Socioemotional Wealth in Family Firms： Theoretical Dimensions,Assessment Approaches,and Agenda for Future Research［J］. Family Business Review，2012，25（3）：258–279.

［186］Bertrand M，Johnson S，Samphantharak K，Schoar A. Mixing Family with Business： A Study of Thai Business Groups and the Families behind Them［J］. Journal of Financial Economics，2008，88（3）：249–265.

［187］Bloom N，Van Reenen J. Measuring and Explaining Management Practices across Firms and Countries［J］.Quarterly Journal of Economics，2007（122）：1351–1408.

［188］Boone J P，Raman K K. Off–balance Sheet R&D Assets and Market Liquidity［J］.

Journal of Accounting and Public Policy，2001，20（2）：97–128.

［189］Bruce N，Waldman M. The Rotten–Kid Theorem Meets the Samaritan's Dilemma［J］. Quarterly Journal of Economics，1990（105）：155–165.

［190］Buchanan J M. The Samaritan's Dilemma[M]//Phelps, E S.(Eds.). Altruism, Morality and Economic Theory. New York: Russell Sage Foundation, 1975: 71–85.

［191］Burkart，Mike，Fausto Panunzi，Andrei Shleifer. Family Firms［J］.Journal of Finance，2003（8）：2167–2200.

［192］Callen J L， Fang X. Religion and Stock Price Crash Risk［J］. Journal of Financial and Quantitative Analysis，2015，50(1/2): 169 – 195.

［193］Carney M. Corporate Governance and Competitive Advantage in Family–Controlled Firms［J］.Entrepreneurship Theory and Practice，2005（29）：249–265.

［194］Chami R. What is Different About Family Businesses?［R］.Working Paper，2001.

［195］Chami R. King Lear's Dilemma: Precommitment Versus the Last Word［J］. Economics Letters，1996（52）：171–176.

［196］Chen H L，Hsu W T. Family Ownership，Board Independence，and R&D Investment［J］.Family Business Review，2009，22（4）：347–362.

［197］Chourou L，He L， Zhong L. Religiosity and Corporate Voluntary Disclosure: Evidence from Management Earnings Forecasts［J］. Social Science Electronic Publishing，2016，39(39): 845 – 875.

［198］Chrisman J J，Chua J H，Litz R. A Unified Systems Perspective of Family Firm Performance： An Extension and Integration［J］.Journal of Business Venturing，2003，18（4）：467–472.

［199］Chrisman J J，Patel P C. Variations in R&D Investments of Family and Nonfamily Firms： Behavioral Agency and Myopic Loss Aversion Perspectives［J］.Academy of Management Journal，2012，55（4）：976–997.

［200］Chua J H，Chrisman J J，Bergiel E B. An Agency Theoretic Analysis of the

Professionalized Family Firm[J].Entrepreneurship Theory and Practice,2009,33(3):
355–372.

[201] Claessens S, Djankov S, Fan J P H, Lang L H P. Disentangling the Incentive and Entrenchment Effects of Large Shareholdings [J].Journal of Finance, 2002 (57): 2741–2771.

[202] Claessens S, Djankov S, Lang L H P. The Separation of Ownership and Control in East Asian Corporations. [J].Journal of Financial Economics, 2000 (58): 81– 112.

[203] Classen N, Carree M, Gils A, Peters B. Innovation in Family and Non–family SMEs: An Exploratory Analysis [J].Small Business Economics, 2014, 42 (3): 595–609.

[204] Coffee J C. Do Norms Matter? A Cross–Country Examination of the Private Benefits of Control [R].Working Paper, 2001.

[205] Collard D A. Altruism and Economy: A study in Non–Selfish Economics [M]. Oxford: Martin Robertson, 1978.

[206] Daily C M, Dollinger M J. An Empirical Examination of Ownership Structure in Family and Professionally Managed Firms[J].Family Business Review,2010,5(2): 117–136.

[207] Danny Miller, Isabelle Le Breton–Miller, Barry Scholnick. Stewardship vs. Stagnation: An Empirical Comparison of Small Family and Non–Family Businesses[J]. Journal of Management Studies, 2008 (45): 1467–1486.

[208] Dansereau Jr F, Graen G, Haga W J.A Vertical Dyad Linkage Approach to Leadership within Formal Organizations: A Longitudinal Investigation of the Role Making Process[J].Organizational Behavior and Human Performance, 1975, 13(1): 46–78.

[209] Davidson W N, Jiraporn P, Kim Y S, Nemec C. Earnings Management Following

Duality–Creating Successions： Ethnostatistics，Impression Management，and Agency Theory ［J］.Academy of Management Journal，2004，47（2）：267–275.

［210］Davis J H，Schoorma F D，Donaldson L. Towards a Stewardship Theory of Management ［J］.Academy of Management Review，1997（22）：20–47.

［211］Dawkins R. The Selfish Gene ［M］.Oxford：Oxford University Press，1989.

［212］Donaldson L，Davis J H. Stewardship Theory or Agency Theory：CEO Governance and Shareholder Returns ［J］.Australian Journal of Management，1991，16（1）：49–64.

［213］Du X. What's in a Surname? The Effect of Auditor–CEO Surname Sharing on Financial Misstatement? ［J］. Journal of Business Ethics，2019（158）：849–874.

［214］Eddleston K A，Otondo R F，Kellermanns，Franz W. Conflict，Participative Decision–Making，and Generational Ownership Dispersion：A Multilevel Analysis ［J］.Journal of Business Management，2008（46）：456–484.

［215］Edvinsson L，Sullivan P. Developing a Model for Managing Intellectual Capital ［J］. European Management Journal，1996，14（4）：356–364.

［216］Eshel I，Samuelson L，Shaked A.Altruists，Egoists，And Hooligans in A Local Interaction Model ［J］.AmericanEconomic Review，1998（88）：157–179.

［217］Erdogan I，Rondi E，De Massis A. Managing the Tradition and Innovation Paradox in Family Firms：A Family Imprinting Perspective ［J］. Entrepreneurship：Theory and Practice，2020，44（1）：20–54.

［218］Faccio M，Lang L H P. The Separation of Ownership and Control：An Analysis of Ultimate Ownership in Western European Corporations ［J］.Social Ence Electronic Publishing，2000，58（1–2）：81–112.

［219］Faccio M, Lang L H. The Ultimate Ownership of Western European Corporations.

Journal of Financial Economics,2002，65（3）：365–395.

［220］Fidrmuc J P， Jacob M. Culture，Agency Costs，and Dividends［J］.Journal of Comparative Economics，2010，38(3):321—339.

［221］Franks J, Mayer C, Rossi S. Spending Less Time with the Family: The Decline of Family Ownership in the United Kingdom[R].Working Paper, 2004.

［222］Gersick K, Davis J, Hampton M, Lansberg I. Generation to Generation: Life Cycles of the Family Business[M]. Boston: Harvard Business School Press, 1997.

［223］Gómez–Mejía L R， Campbell J T， Martin G， Hoskisson R E. Socioemotional Wealth as a Mixed Gamble： Revisiting Family Firm R&D Investments with the Behavioral Agency Model［J］.Entrepreneurship Theory and Practice，2014，38（6）：1351–1374.

［224］Gómez–Mejía L R， Cruz C， Berrone P， Castro J D. The Bind That Ties：Socioemotional Wealth Preservation in Family Firms［J］.Academy of Management Annals，2011，5（1）：653–707.

［225］Gómez–Mejía L R， Haynes K T， Nunez–Nickel M， Jacobson K J L， Moyano–Fuentes J. Socioemotional Wealth and Business Risks in Family–Controlled Firms：Evidence from Spanish Olive Oil Mills［J］.Administrative Science Quarterly，2007，52（1）：106–137.

［226］Graen G, Cashman J F. A Role Making Model of Leadership in Formal Organizations[M]//Hunt, J.G., Larson, L.L. (Eds.) . Leadership Frontiers. Carbondale: Southern Illinois Press, 1975: 143–165.

［227］Graen G, Scandura T. Toward a Psychology of Dyadic Organizing[M]//Straw, B.M., Cummings, L.L. (Eds.). Research in Organizational Behavior. Greenwich: JAI Press, 1987: 125–208.

［228］Graen G B, Uhl–Bien, M. Relationship–based Approach to Leadership: Development of Leader–member Exchange（LMX）Theory of Leadership over 25 Years: Applying a Multi–level Multi–domain Perspective[J]. The Leadership Quarterly, 1995, 6（2）: 219–247.

［229］ Granovetter M S. Economic Action and Social Structure： The Problem of Embeddedness ［J］.American Journal of Sociology， 1985（91）： 481–510.

［230］ Greif A, Tabellini G.. The Clan and the Corporation： Sustaining Cooperation in China and Europe ［J］. Journal of Comparative Economics， 2017（45）： 1–35.

［231］ Griffin P A， Sun. E Y. Voluntary Corporate Social Responsibility Disclosure and Religion ［J］. Sustainability Accounting， Management and Policy Journal， 2018， 9 (1): 63 — 94.

［232］ Gudmundson D， Tower C B， Hartman E A. Innovation in Small Businesses： Culture and Ownership Structure Do Matter ［J］.Journal of Developmental Entrepreneurship， 2003, 8（1）: 1–17.

［233］ Hambrick D C， Mason P A. Upper Echelons： The Organization as a Reflection of Its Top Managers ［J］.Academy of Management Review， 1984， 9（2）: 193–206.

［234］ Hamilton W D . The Genetical Evolution of Social Behavior ［J］.Journal of Theoretical Biology， 1963， 7（1）: 1–16.

［235］ Hart O. Financial Contracting ［J］.Journal of Economic Literature， 2001（39）: 1070–1100.

［236］ Hart O. Firms, Contracts, and Financial Structure[M]. London: Oxford University Press, 1995.

［237］ Hilary G， Hui K. W. Does Religion Matter in Corporate Decision Making in America? ［J］. Journal of Financial Economics， 2009， 93(3): 455 — 473.

［238］ Hirshleifer J. Shakespeare Vs Becker on Altruism： The Importance of Having the Last Word ［J］.Journal of Economic Literature， 1977， 15（2）: 500–502.

［239］ Holmén M， Högfeldt P. Pyramidal Power ［R］.Working Paper， 2004.

［240］ Hooper D T, Martin R.Beyond Personal Leader–Member Exchange（LMX）
Quality：The Effects of Perceived LMX Variability on Employee Reactions［J］.The
Leadership Quarterly, 2008, 19（1）: 20–30.

［241］ Jensen M C, Meckling W H. Theory of the Firm: Managerial Behavior, Agency
Costs and Ownership Structure［J］.Journal of Financial Economics, 1976, 3（4）:
305–360.

［242］ Johan L. Efficiency–Enhancing Signaling in The Samaritan's Dilemma［J］.The
Economic Journal, 2004（114）: 1034–1038.

［243］ Julian F, Colin M, Stefano R. Spending Less Time with the Family: The Decline
of Family Ownership in the United Kingdom［R］.Working Paper, 2004.

［244］ Karra N, Tracey P, Phillips N. Altruism and Agency in the Family Firm:
Exploring the Role of Family, Kinship and Ethnicity［J］.Entrepreneurship theory
and Practice, 2006, 30（6）: 861–877.

［245］ Kellermanns F W, EddlestonK A. A Family Perspective on When Conflict Benefits
Family Firm Performance［J］.Journal of Business Research, 2007（60）: 1048–
1057.

［246］ KhannaT, Krishna P. Globalization and Convergence in Corporate Governance:
Evidence from Infosys and the Indian Software Industry［J］.Journal of International
Business Studies, 2004（35）: 484–507.

［247］ Khanna, Tarun, Yishay Yafeh. Group in Emerging: Paragons or Parasites?［J］.
Journal of Economic literature, 2007（45）: 331–372.

［248］ Kotlar J, De Massis A, Frattini F, Bianchi M, Fang H. Technology Acquisition
in Family and Nonfamily Firms: A Longitudinal Analysis of Spanish Manufacturing
Firms［J］.Journal of Product Innovation Management, 2013, 30（6）: 1073–
1088.

［249］ La Porta R, Lopez–De–Silanes F, Shleifer A. Corporate Ownership Around the

World［J］.The Journal of Finance，1999，54（2）：471–520.

［250］ La Porta R, Lopez–De–Silanes F, Shleifer A, Vishny R. Investor protection and corporate governance[J]. Journal of Financial Economics, 2000 (58): 3–27.

［251］ La Porta R, Lopez–De–Silanes F, Shleifer A, Vishny R. Investor protection and corporate valuation[J]. Journal of Finance, 2002,57(3): 1147–1170.

［252］ Lagerlof J. Efficiency–Enhancing Signaling in The Samaritan's Dilemma[J]. The Economic Journal, 2004(114): 55–68.

［253］ Lansberg I. Succeeding Generations［M］.Boston：Harvard Business School Press，1999.

［254］ Lazonick W. The US Stock Market and the Governance of Innovative Enterprise［J］. Industrial and Corporate Change，2007，16（6）：983–1035.

［255］ Le Breton–Miller I，Miller D. Agency vs. Stewardship in Public Family Firms： A Social Embeddedness Reconciliation［J］.Entrepreneurship Theory and Practice，2009（33）：1169–1191.

［256］ Licht A N， Goldschmidt C， Schwartz S H. Culture，Law，and Corporate Governance［J］. International Review of Law and Economics，2005，25(2):229 — 255.

［257］ Liden R C，Erdogan B，Wayne S J，Sparrowe R T.Leader–Member Exchange，Differentiation，and Task Interdependence：Implications for Individual and Group Performance［J］.Journal of Organizational Behavior，2006，27（6）：723–746.

［258］ Lindbeck A，Weibull J W. Altruism and Time Inconsistency： The Economics of Fait Accompli［J］.Journal of Political Economy，2004（96）：1165–1182.

［259］ Lubatkin M，Schulze W S，Ling Y，Dino R. The Effects of Parental Altruism on the Governance of Family–Managed Firms［J］.Journal of Organizational Behavior，2005（26）：313–330.

［260］ Lubatkin M，Ling Y，and Schulze W S. An Organizational Justice–Based View of Self–Control and Agency Costs in Family Firms ［J］.Journal of Management Studies, 2007（26）: 313–330.

［261］ Lucrezia S, Luca G. Family Involvement and AgencyCost Control Mechanisms in Family Small and Medium–Sized Enterprises ［J］.Journal of Small Business Management, 2015, 53（3）: 748–779.

［262］ Marchica M, Mura R. Direct and Ultimate Ownership Structures in the UK: An Intertemporal Perspective over the Last Decade ［J］.Corporate Governance, 2005（13）: 26–45.

［263］ Matzler K, Veider V, Hautz J, Stadler C. The Impact of Family Ownership, Management, and Governance on Innovation ［J］.Journal of Product Innovation Management, 2015, 32（3）: 319–333.

［264］ Maury B. Family Ownership and Firm Performance: Empirical Evidence from Western European Corporations ［J］.Journal of Corporate Finance, 2006（12）: 321–341.

［265］ May W. Financial Regulation Abroad: the Contrasts with American Technique ［J］. Journal of Political Economy, 1939（47）: 457–496.

［266］ McGuire S. T, Omer T. C, Sharp N. Y. The Impact of Religion on Financial Reporting Irregularities ［J］. Accounting Review, 2012, 87（2）: 645－673.

［267］ Miller D, Le Breton–Miller I. Deconstructing Socioemotional Wealth ［J］. Entrepreneurship Theory and Practice, 2014, 38（4）: 713–720.

［268］ Miller D, Le Breton–Miller I. Managing for the Long Run: Lessons in Competitive Advantage from Great Family Businesses ［M］.Boston: Harvard Business School Press, 2005.

［269］ Miller D, Le Breton–Miller I, Lester R H, Cannella Jr A. Are Family Firms Really Superior Performers? ［J］.Journal of Corporate Finance, 2007（13）: 829–858.

［270］ Morck R. A History of Corporate Governance around the World: Family Business

Groups to Professional Managers ［M］.Chicago： The University of Chicago Press，
2005b.

［271］ Morck R. How to Eliminate Pyramidal Business Groups： the Double Taxation of
Inter-Corporate Dividends and Other Incisive Uses of Tax Policy ［R］.Working
Paper, 2004.

［272］ Morck R, Wolfenzon D, Yeung B. Corporate Governance, Economic
Entrenchment, and Growth ［J］.Journal of Economic Literature, 2005a（43）：
655-720.

［273］ Munari F, Oriani R, Sobrero M. The Effects of Owner Identity and External
Governance Systems on R&D Investments： A Study of Western European Firms ［J］.
Research Policy, 2010, 39（8）： 1093-1104.

［274］ Muñoz-Bullón F, Sanchez-Bueno M J. The Impact of Family Involvement on the
R&D Intensity of Publicly Traded Firms［J］.Family Business Review, 2011, 24（1）：
62-70.

［275］ North D. Institutions, Institutional Change and Economic Performance[M]. Cambridge:
Cambridge University Press, 1990.

［276］ Nuryaman. The Influence of Intellectual Capital on the Firm's Value with The
Financial Performance as Intervening Variable ［J］.Procedia-Social and Behavioral
Sciences, 2015（211）： 292-298.

［277］ O' donoghue T, Rubin M. The Economics of Immediate Gratification ［J］.Journal
of Behavioral, Decision Making, 2000（13）： 233-250.

［278］ Parsons T. The Kinship System of the Contemporary United States ［J］.American
Anthropologist, 1943, 45（1）： 22-38.

［279］ P é rez-Gonz á lez F. Inherited Control and Firm Performance ［J］.American
Economic Review, 2006（43）： 1559-1588.

［280］ Polanyi K. Primitive, Archaic and Modern Economies： Essays of Karl Polanyi ［M］.

Boston：Beacon Press，1968.

［281］ Pollak R A.A Transactions Cost Approach to Families and Households ［J］.Journal of Economic Literature，1985，23（2）：581–608.

［282］ Prencipe A，Bar–Yosef S，Mazzola P，Pozza L. Income Smoothing in Family–Controlled Companies： Evidence From Italy［J］. Corporate Governance： An International Review，2011，19（6）：529–546.

［283］ Rajan R G & Zingales L. Power in a Theory of the Firm［J］. The Quarterly Journal of Economics, 1998, 113（2）: 387–432.

［284］ Redding S G. The Spirit of Chinese Capitalism[M]. Berlin: W. de Gruyter,1990.

［285］ Riyanto E，Toolsema A. Tunneling and Propping［R］.Working Paper，2005.

［286］ Riyanto Y.E，Toolsema L.A. Tunneling and Propping： A Justification for Pyramidal Ownership［J］. Journal of Banking & Finance，2008（32）：2178–2187.

［287］ Robert J，Barro，Jong–Wha Lee. International Data on Educational Attainment： Updates and Implications［J］.Oxford Economic Papers，2001，53（3）：541–563.

［288］ Roe, Mark J. Political determinations of corporate governance: political context, corporate impact[M]. Great Britain: Oxford University Press, 2002.

［289］ Schulze W S，Lubatkin M H，Ling Y，Dino R N. Altruism and agency in family firms[J]. Academy of Management Proceedings, 2000, (11): 11–15.

［290］ Schulze W S，Lubatkin M H，Ling Y，Dino R N，Buchholtz A K. Agency Relationships in Family Firms： Theory and Evidence［J］.Organization Science，2001（12）：99–116.

［291］ Schulze W S，Lubatkin M H，Dino R N. Altruism，Agency and the Competitiveness of Family Firms［J］.Managerial and Decision Economics,2002（23）：247–259.

［292］Schulze W S，Lubatkin M H，Dino R N. Exploring the Agency Consequence of Ownership Dispersion among the Directors of Private Family Firms［J］.Academy of Management Proceedings，2003（46）：179–194.

［293］Schulze W S，Lubatkin M H，Dino R N，Buchholtz A K. Agency Relationships in Family Firms：Theory and Evidence［J］.Organization Science，2001（12）：99–116.

［294］Schulze W S，Lubatkin M H，Dino R N. Toward a Theory of Agency and Altruism in Family Firms［J］. Journal of Business Venturing，2003（18）：473–490.

［295］Sharma P，Chrisman J J，Chua J H. Strategic Management of the Family Business– Past Research and Future Challenges［J］.Family Business Review，1997（10）：1–35.

［296］Sharma P，Manikutty S. Strategic Divestments in Family Firms：Role of Family Structure and Community Culture［J］.Entrepreneurship Theory and Practice，2005，29（3）：293–311.

［297］Shleifer A, Wolfenzon D. Investor protection and equity markets[J]. Journal of Financial Economics, 2002,66(1): 3–27.

［298］Simon H A. Altruism and Economics[J]. American Economic Review, 1993, 83(1): 156–161.

［299］Singh M，Davidson W N. Agency Costs Ownership Structure and Corporate Governance Mechanisms［J］. Journal of Banking Finance，2003（27）：793–816.

［300］Sirmon D G，Hitt M A. Managing resources：Linking Unique Resources，Management，and Wealth Creation in Family Firms［J］.Entrepreneurship Theory and Practice，2003，27（4）：339–358.

［301］Stark O，Falk I. The Economics of Reciprocity，Giving and Altruism［M］. New York：Palgrave Macmilan，2000.

［302］Stark O, Falk I. Transfers, Empathy Formation, and Reverse Transfers[J]. American Economic Review, 1998, 88（2）: 271–276.

［303］Stark O. Altruism and Beyond: An Economic Analysis of Transfers and Exchanges Within Families and Groups［M］.Cambridge: Cambridge University Press, 1995.

［304］Stulz R M, Williamson R. Culture, Openness and Finance［J］.Journal of Financial Economics, 2003（70）: 313–349.

［305］Tagiuri R, Davis J A. On the Goals of Successful Family Companies［J］.Family Business Review, 1992, 5（1）: 43–62.

［306］Thaler R H, Shefrin H M. An Economic Theory of Self–control［J］.Journal of Political Economy, 1981（89）: 392–406.

［307］Villalonga B, Amit R. How do Family Ownership, Management and Control Affect Firm Value?［J］.Journal of Financial Economics, 2006（80）: 385–417.

［308］Ward J. L. Keeping the Family Business Healthy: How to Plan for Continuous Growth, Profitability, and Family Leadership[M]. San Francisco: Jossey–Bass, 1987.

［309］Ward J L, Danco, L é on A. Keeping the Family Business Healthy: How to Plan for Continuing Growth, Profitability, and Family Leadership［M］.New York: Palgrave Macmillan, 2011.

［310］Westwood R. Harmony and Patriarchy: The Cultural Basis for "Paternalistic Headship" Among the Overseas Chinese［J］. Organization Studies, 1997, 18（3）: 445–480.

［311］Williamson O E. Sociobiology: The New Synthesis［M］.Cambridge: Belknap Press of Harvard University Press, 1975.

［312］Zellweger T. Time Horizon, Costs of Equity Capital, and Generic Investment Strategies of Firms［J］.Family Business Review, 2007, 20（1）: 1–15.

［313］Zingales L. The "Cultural Revolution" in Finance［J］. Journal of Financial

Economics，2015，117（1）：1-4.

［314］Zukin S，DiMaggio P. Structures of Capital： The Social Organization of the Economy［M］.Cambridge： Cambridge University Press，1990.

后　记

本书系国家社科基金项目"嵌入差序格局的本土家族企业治理结构与绩效研究"（15BGL078）的主要研究成果。

本书撰写的具体分工如下：王明琳提供了本书的研究思路与框架结构，并负责第一、二、三、五、七、八和第九章，并参与全书所有章节；徐萌娜负责第六章，参与第三、五章；王河森负责第四章，参与第五、六章；陈凌参与了第四、八章，并且为完善研究思路和框架结构提供了宝贵指导；何秋琴参与了第七章。

本书推动了基于本土非正式制度视角的民营企业研究，并且在经济学、演化生物学和本土社会学的跨学科交叉研究上进行了大胆尝试，但也不可避免地留下不足，尤其是对差序格局及利他行为的度量仍然存在瑕疵。基于原始资料的可得性，我们仅仅以家族成员之间亲缘关系的远近来衡量两者之间的利他行为水平，并且，着重关注了亲缘利他行为，但对泛家族成员（干亲）、同乡、同学、创业伙伴之间的互惠利他行为研究不足。此外，由于本书分析框架的构建与完善历时较长，不同章节成稿时间不尽相同，因而实证研究对象取样的时间区间存在一定差异。

中国是一个非正式制度极为浓厚的国度，差序格局背后是传统儒家伦理，在传统中国社会，宗族又成为儒家文化在基层社会的外在组织形态。儒家文化、宗族文化、宗教（佛、道教）一起为传统中国社会提供了深刻而稳定的底层架构，三者相互依存又彼此竞争。至今为止，儒家文化、宗族文化、宗教，加上地域文化、方言文化，依然从深层次上构成了民营企业赖以生存的气候与土壤，也是企业家价值观和思维方式最初和最重要的来源。系统研究上述非正式制度对民营企业治理以及其行为的影响，既富有吸引力，也充满了挑战！

从这个意义上而言，本书仅仅是对这个纷繁复杂领域的一个前期探索。

王明琳

2022 年 7 月于大运河畔